OHSAMA BUNKO

アドラー流
気にしないヒント

岩井俊憲

三笠書房

はじめに――いろいろ「気になること」があるときに

「ちょっとしたことでも、人目が気になってしまう……」
「つい、周囲に合わせてしまって息苦しくなる……」
「将来のことを考えたら、気分がどんよりする……」

四十年近く、「アドラー心理学」のカウンセラーを務めてきて、こんな悩みを持つ人に出会うことが多くなりました。

たしかに「相手を気づかう」ことや、「自分のこれから」を考えることは大切でしょう。けれど、それも〝ちょうどいい〟を超えてしまうと、自分の心が苦しくなってきます。

かといって、まるで、ブッダのように悟《さと》りを得ようとしても、そうはいかず、一生懸命に人間性を磨いたところで、人のことなどあまり気にしていない相手には無力すぎる……。

そんなとき、**簡単ですぐ役に立つのが「アドラー心理学」**です。

アドラー心理学は、すでにご存じの方も多いかと思いますが、オーストリア生まれの心理学者（精神科医）、アルフレッド・アドラーによって築かれたものです。実践することを大切にし、解決につながる具体的なヒントをくれます。

たとえば、なかなかうまくいかない日が多くて落ち込んでいるとき。

「今日こそはうまくいく日にする」と決めても、実行することはたいへんです。

しかし、**「まず、一日の最初と最後だけをよくする」**ようにしてみたらどうでしょうか？　朝、いい気分で出かけるのと、どんよりした気分で出かけるのとでは、見える景色も違ってくるでしょう。

すると、出会う人とも楽しく話ができて……なんだか簡単にできるような気がしませんか？　寝る前にきっと「ああ、今日はいい日だったな」という気持ちで一日を終われるはずです。

また、「苦手だな」と思う人がいるとき。

相手がこちらが望むように変わることはありません。そんな相手に対して「ダメ出し」するのではなく、**「ヨイ出し（いいところを探す）」**ようにしてみてはどうでしょう。相手のちょっと違う面が見えてくるかもしれません。

こういったアドラーの教えを生かせば、面白いほど**「自分の気持ちが変わる」「人の気持ちがわかる」「相手にいちいち振り回されない」「自分の思いをうまく伝えられる」「何が起きても気にしなくなる」**ようになってきます。

本書のアドラー流の教えで「気にしすぎない」コツを知り、ちょっとずつ自分にやさしくできる毎日が送れるようになることを願ってやみません。

岩井　俊憲

◎もくじ

1章 なんだか頑張りすぎていませんか？

――自分をちょっと「勇気づけ」てみると……

2章

相手と自分の気持ちを合わせるコツ
――「ダメ出し」するより「ヨイ出し」を

3章

「言い方」ひとつで関係は変わる

——「なぜ?」を「どうしたら?」に

4章

何事も「受け止めやすくする」といい

——ネガティブなことはポジティブで「はさみ込む」

5章

まわりに振り回されない接し方

――いつも「リアクション」をとる必要はない

巻末

アドラー心理学をより知るためのキーワード

1章

なんだか頑張りすぎていませんか？

——自分をちょっと「勇気づけ」てみると……

変わらないと思っていたことも3週間あれば……

アドラー心理学では、人間の行動の大前提として、「人は〝変えまい〟と努力している」という考え方があります。「同じパターンを繰り返そう」と努力しているのです。

たとえば、自分のメンツにとらわれていると、誰かに何か反論されたとき、とっさに「それはおかしい」と返してしまいます。

ところがここで、「〇〇さん、いいことを言ってくれましたね。ちょっとメモしていいですか？」と返してみる。たったこれだけで十分です。つまらないメンツにとらわれなくなるのには大きな決心でなく、ちょっとした決心でいいのです。

「変わってもいい」と自分に許すこと。自分をゆるめてみること。そうすると、相手に対して、「本当にいいことを言ってくれた」と思えてくるはずです。

人は、3週間あれば変わります。①**わかる**、②**できる**、③**身につく**、のサイクルを3週間続けると、新しいパターンが身についてきます。

さらに、3か月続けていれば、まわりが気づきはじめます。職場や家庭で、「○○さん、なんだか変わりましたね」と言われるはずです。決心すれば人は変われるのです。その間、自覚的な努力をする。決めたのだから後には戻らない。そうして、3か月間だけちょっと忍耐《にんたい》の期間を過ごせばいいのです。

私はセミナーなどでいつも、「自己変革《へんかく》なくして組織変革なし」と伝えています。自らが自己変革を遂《と》げて、その自己変革の輪を広げていくという考え方です。

自分の強みは何か、弱みは何か。棚卸《たなおろ》しして、どんどん新しいものを取り入れ、自分は自分の変革を遂げる。そして会社の変革にも結びつける。そう決めてしまいましょう。

はじめは自分を「勇気づける」ことから

アドラー心理学の基本に**「勇気づけ」**という考え方があります。

「勇気づけ」とは、巻末でくわしく解説していますが、「困難を克服する活力を与えること」です。そうするためにおすすめなのは、「オセロ・ゲームの生活」です。

ご存じのとおり、オセロ・ゲームは並んだ石の両端を黒ではさむとその間も黒に変わり、白ではさむとその間も白に変わり、白黒どちらが多くなるかを競《きそ》うゲームです。その考え方を毎日の生活に取り入れるのです。

さて、ここに同じ職場で働く黒田さんと白井さんの例を見てみます。同期の2

人の生活を見比べてみましょう。

「黒」ではさんだ1日のパターン

黒田さんは朝が苦手。家を出るギリギリまでベッドから出られません。ましてや雨が降っていたりすると、「ああ、会社に行くのは面倒くさいな……」と頭を抱え、起こしに来た妻にも悪態をつくほどです。

もちろん朝食をとる時間などなく、ギリギリで駅へ向かいますが、その道のりでも昨日の深酒《ふかざけ》や夜更《よふ》かしを後悔します（朝、1日の最初に黒のオセロが置かれる）。

出社時間にも遅れがちで、挨拶《あいさつ》も小さな声で返すのみ。仕事で大きな受注を得て喜ぶこともあれば（白のオセロ）、部下のミスで不愉快になることもあります（黒のオセロ）。夕方、同僚から「帰りに、1杯どう?」と誘われると、昨日の後悔も忘れてつき合い、深酒をしてしまいます。終電間際の電車でようやく家に帰っても、もちろん家族は寝静まっています。「ああ、また今日も飲んじゃったよ……」と思いながら眠りにつくのは深夜2時、という1日です（1日の最後に黒のオセロが置かれる）。

せっかく会社で白のオセロがあったにもかかわらず、朝と夜の両端が黒のため、黒田さんの1日は黒のオセロの1列になります。

「白」ではさんだ1日のパターン

一方、白井さんは「気分爽快！」と目覚めます。軽くストレッチをした後、顔を洗い、鏡で笑顔チェック。気持ちのいい朝です（1日の最初に白のオセロが置かれる）。

朝食もしっかりとります。家族と会話しながら「おいしいね」と言葉にし、用意してくれた妻に「ごちそうさま。ありがとう」と感謝の言葉を伝え、家を出ます。

時間に余裕を持って出勤し、「おはようございます！」と元気に挨拶をし合い、業務をスタート。しかし黒田さん同様、仕事ではいろいろなことがあります。クレーム対応として、怒り心頭の客先にお詫《わ》びをしに行くこともあります（黒のオセロ）。

終業後に酒席に誘われることもありますが、ほどほどで切り上げて帰宅し、できる限り家族団らんの時間をつくることも忘れません。その後の入浴時間には、心の疲れやイヤなことも洗い流すようなイメージで身も心もさっぱりとし、寝るまでの時間も読書や音楽を楽しみます。

眠りにつく前には「今日は大変なこともあったけど、やれるだけのことはやったからこそ1日を終えることができる。ありがたい」と、1日を前向きに振り返ります（1日の最後に白のオセロが置かれる）。

こうして白井さんは、朝と夜に白のオセロを置くことにより、白いオセロの1

列で1日を終えることができました。心にも身体にも無理や負担をかけることなく、家族や同僚、顧客などとの人間関係も良好に保てているといえるでしょう。

難しいことをするわけでもなければ、お金がかかることでもありません。ただ、**朝と夜の気持ちを意識的に「よいもの」にするだけです。**これを1日だけで終えず、1週間、1か月、そして年単位で続けてみたらどうでしょうか。

もちろん人生の中には、立ち直るのに時間がかかるほどの挫折《ざせつ》や失敗もあるでしょう。逆に、うれしくて小躍《こおど》りしたくなるような瞬間もあることでしょう。

波のない人生を送る人はいません。**「白いオセロの生活」を心がけ、続けたとしたら、あなたの人生の盤面《ばんめん》はどうなるでしょうか。**今日、今晩から、黒の気持ちを白に変えていくことができるのです。

「こうなったらいいな」から逆算する

気持ちを変えるには、こんな「勇気づけ」の方法もあります。自分が理想とする姿を具体的に思い浮かべ、いつまでにそうなると期限をつけます。

たとえば1年後にはこうなりたいと設定すると、半年後にはどうなっているべきか、3か月後は？　1か月後は？　と逆算していけば、おのずと「今日なすべきこと」が見えてきます。

その「思い浮かべる」部分、いわば第一歩目を明確化するのが、ありたい未来を断言することです。「ミッションを掲《かか》げる」と言い換えてもいいでしょう。

そして、思い浮かべる姿は「~したい／なりたい」「こうだったらいいなあ」

というふわふわした「希望」ではなく、「こうなっている！」と具体的に表わします。「ビジョンを持つ」ということです。

このビジョンを断言して自分の心にどれだけ深く刻むかによって、どこまで現実的に気持ちが変わるかの度合いが決まってきます。

取り組んでいく途中で、うまくいかないこともあるかもしれません。

でも、断言、断想、断行を繰り返していれば、必ず目標に近づきます。「断行」とは、「決断・実行する」ことをひとまとめにした言葉です（33ページ）。

もう、山の頂《いただき》は見えています。後はそこに登るために、ただ足を進めていくだけ。その山を登っていく途中で、思っていたことが徐々に現実化していくうれしい体験こそが、自分を勇気づけていくことになるのです。次から具体的に、

1 ミッション

2 ビジョン

3 断言・断想・断行

の順に見ていきましょう。

1 ミッションを掲げる

自分の気持ちを変えていくための具体的な方法の1、ミッション（Mission：使命）は、大きくいうと「何のために自分は存在するのか？」の問いに答えを出すものです。

自分自身の夢の実現だけでなく、**関係する人たちの期待を受けて自分は何をなすべきかをもとに、社会に対して果たすべき目的・責任・役割を考えることで自分を動機づける**ことです。

このミッションは、企業においては、経営理念という形で表わされることが多くあります。
パナソニックの創始者の松下幸之助氏は、著書『実践経営哲学』（ＰＨＰ研究所）で次のように述べています。

私は六十年にわたって事業経営に携わってきた。そして、その体験を通じて感じるのは、経営理念というものの大切さである。言い換えれば、〝この会社は何のために存在しているのか、この経営をどのような目的で、またどのようなやり方で行なっていくのか〟という点について、しっかりとした基本の考えを持つということである。

今、自分の気持ちを変えるためにどんなミッションを掲げますか？
ぜひ一人で考える時間をとってみてください。

2 ビジョンを持つ

自分の気持ちを変えていくための方法の2が、「ビジョン」を持つことです。
このビジョン（Vision）には、3つの特徴があります。

①映像的表現に満ちたメッセージ
②視覚を中心に、身体感覚や聴覚などにも訴求《そきゅう》
③過去━現在━未来の架《か》け橋

有名なキング牧師の「私には夢がある（I have a dream）」という演説があり

ます。キング牧師はノーベル平和賞を受賞したアフリカ系アメリカ人による公民権運動の指導者ですが、その演説は「ビジョン」の3つの特徴を備えています。

情景を思い浮かべながら読んでみるとよくわかります。


私には夢があります。いつの日にか、ジョージア州の赤土の丘の上で、かつての奴隷《どれい》の息子たちとかつての奴隷主の息子たちとが共に、兄弟愛のテーブルに着くという夢です。

私には夢があります。いつの日にか、不正の炎熱でうだる州、圧制の炎熱で焼けつかんばかりのミシシッピー州さえも自由と正義のオアシスに変貌《へんぼう》を遂げるという夢なのです。

私には夢があります。いつの日にか、私の幼い4人の子どもたちが、肌の色ではなく、人格の中身によって評価されるような国に生きるという夢なのです。今日、私はまざまざとその夢を見るのです！


『感動する英語！』（近江誠著、文藝春秋）

このキング牧師の演説は、差別撤廃《てっぱい》に徹底的に焦点を当て、それでいて差別をしてきた人たちを否定することなく、「私には夢があります」と何度も反復をしています。

「ビジョン」を掲げて周囲の人たちを巻き込むための次の3つの条件をカバーしているのです。

①一番言いたいことに焦点を定める

②ポジティブである

③反復する

あなたはどんなビジョンを持っていますか。それが周囲にも伝わっているでしょうか。キング牧師のように伝えられたら素晴らしいですね。

3 断言・断想・断行する

自分の気持ちを変えていくには1ミッションを掲げ、2ビジョンを持ちます。そしてそれらを言葉、イメージ、行動で実現していく必要があります。

まず言葉。日本には言霊《ことだま》という考え方があります。言葉には内に秘めた力があり、古来から言語が発せられるとその内容が実現すると信じられていました。これは日本に限らず、『旧約聖書』やギリシア哲学、中華圏などでも同様の思想があるようです。

言葉は、一度口から出したら二度と呑《の》み込むことはできません。「そんなつもりはなかったのに、他人を傷つけてしまった」ということがある人もいるはずです。

「禁煙や禁酒、ダイエットなど、大勢の前で宣言してしまったらもう引っ込みがつかなくなってしまった」という人もいるのではないでしょうか。

こんな場合の「引っ込みがつかなくなった」ということを逆手に取ってもいいのです。

「なりたい」ではなく「すでに……である」と自分に宣言する

たとえば今、あなたが人に物事を頼むのが苦手で、つい自分で抱え込んでしまうという悩みを持っているとします。もっと周囲を信頼し、かつ適切にアドバイスできる人になりたい、という理想を抱いたとしましょう。そうしたら、まず、自分自身に向けて宣言をしてください。

重要なのは、**「私は○○ができる人になりたい！」**という願望を思い浮かべる

のではなく、「私は周囲を信頼し、かつ適切にアドバイスできる人である！」と断言することです。

ここで、「まだそうなっていないのに……」という気持ちはいったん棚に上げてくださいね。

自分の輝かしい場面をイメージする

次に必要なのは「イメージ」です。

自分自身が主演のサクセスストーリーの、もっとも輝かしい場面を思い浮かべてみてください。

「周囲を信頼して任《まか》せ、みんなが一生懸命取り組んでいる姿を見守る自分」

「自分の適切なアドバイスで、物事がうまく進み、互いに満足感や充実感に満たされていく姿」

などを、立体的に鮮やかにイメージしてください。

どんな場所で、どんなシチュエーションで話をしているのか、どういう話を交《か》わしているのか、まるで台本があるかのようにセリフやト書きも思い浮かべてみましょう。

通勤電車の中、入浴中、寝る前のリラックスした時間など、ちょっとしたすき間の時間を使うのもいいですね。「言葉」を「断言」するのと同様、イメージでもきっぱりと想像＝「断想」してみてください。

「まだそうなっていないのに……」ということは、ここでも棚上げです。

もう、そうなっているのです。

断言したことを行動する

最後は「行動」です。

やることはもう「断言」し、「断想」してあります。お膳立《ぜんだ》ては整っています。

あなたはもうすでに「相手を信頼し、かつ適切なアドバイスができる存在」です。

ですから、そのように振る舞ってください。前向きに、よい方向へ変化することを恐れないでください。

「断言」し「断想」したとおりの人であるかのように行動していれば、やがて現実も追いついてきます。

そのつもりで、きっぱりと「断行」しましょう。

「こうなったらいいな」を実現していく人たちは、当たり前のように、断言・断想・断行を、実践しています。自分の気持ちもガラッと変わっていくのです。

怒りの気持ちとうまくつき合うには

つい怒ってしまう自分の気持ちは、どうしたら変わるでしょうか。

感情は自分のパートナーです。

感情が激情レベルになり、周囲に迷惑をかけることになるなら問題ですが、本来、感情というものは、物事、状況、対人関係の機微《きび》を理解するには欠かせないシグナルです。

それは、喜び、楽しみ、感動といったプラスの感情だけでなく、怒り、悲しみ、焦《あせ》り、寂しさなどのマイナス感情でも同じです。感情は、私たちにサインを出してくれています。道路の信号に青、赤、黄の3色があるように、感情は、ある状況で私たちの行動に対して「進め（青信号）」「止まれ（赤信号）」「警戒せよ（黄信号）」と教えてくれています。

つまり、自分自身の大事なパートナーとしてずっと寄り添い、理性の側面を補って助けてくれているわけです。

感情には目的もあります。

一般的には「感情は、原因があって起きる」と考えられているかもしれませんが、「感情は、目的を持って使われる」と解釈したらどうでしょうか。

たとえば、怒りの感情には、次の４つの目的が考えられます。

①支配したい
②主導権を握りたい
③権利を守りたい
④正義感を発揮したい

いずれも本来は、建設的な目的のはずです。

たとえば、怒りの感情をどうすればいい？

ただ、ここで大切なことは、**「感情はコントロールできる」**ということです。

とくに次のことを心がけると、怒りの感情をもコントロールすることができます。

①自分が怒っている相手と自分の怒りの目的に目を向ける
②自分の中にある「べき」「ねばならない」を書き換える
③怒りの奥にある感情を探す
④深呼吸する

③について補足すると、怒りには、もともと別の感情が潜《ひそ》んでいます。
怒りのもともとの感情は、落胆《らくたん》、心配、悲しみなどの「一次感情」と呼ばれ、怒りは「二次感情」と呼ばれます。

怒っていても、実は、心配のあまり怒っているのかもしれませんし、落胆の気持ちを怒りの形で表現している可能性もあります。根底には寂しさや悲しみが潜んでいることもあります。

このように一次感情に目を向けて、怒りを使わずに感情を伝えることができると、対人関係がトラブルに発展することがありません。

④については、人は怒っている場合、呼吸がうわずって乱れるものなので、深呼吸をすることで感情を穏やかにするのがいいということです。

以上のような感情のコントロール方法を身につけることで、感情的に反応することなく、穏やかに過ごすことができるようになります。

無駄なイライラをなくすには

他人の考え、行動に、ついイライラしてしまうこともあります。

いくら自分の考えが正しくても、人には人の考え方、見方があるものです。

相手の考え方や見方を無視して自分の価値観ばかりを押しつけてしまうと、「いつも文句ばっかり言っている人」と思われかねません。

無意識のうちに相手の言い分を頭ごなしに否定していないか、定期的に確認するといいでしょう。

それには、その人がどんな見方や考え方をしているか、尋ねるクセをつけたいものです。違う考え方があることがわかるだけで、その人との距離は、確実に縮まります。

そして、相手の考え方もちょっと受け容れてみることで自分の気持ちも変わってきます。

たとえば、人から何か言われてイライラするのは、人間としての器《うつわ》の小ささの表われです。何か言われて落ち込んでしまう場合も、器の小ささを表わしているといえるでしょう。


では、相手の考え方を受け容れる力はどうしたら身につくのでしょうか。

私も過去に、座禅《ざぜん》や滝行《たきぎょう》をした経験があります。でも、今は人間性を高めるためにどこかに修行に行くということは、本来必要のないことだと思います。

アドバイスを求められたら、私は「その場で主人公になれ」と伝えます。なぜなら、**人間性を高める一番の近道が、今やっていることに真剣に取り組むこと**そのものだからです。

問題から目をそらしたり、誰かに頼ったりする態度はやめ、「私はこの場の主人公である」という強い信念を持って物事に取り組めばいいのです。
そうすると、人の考え方も受け容れることができてきます。

「もっと私の話を聞いてください」
「あの言い方をされると、ちょっと……」

たとえば、こう言われるとカチンとくることもあるかもしれませんが、誰からもその人の考えを聞かせてもらえなくなるほうが孤独であり深刻です。
さまざまな考えを受け容れる器をつちかえば、イライラなんかしなくなるだけでなく、人間的にも成長しているはずです。

2章

相手と自分の気持ちを合わせるコツ

――「ダメ出し」するより「ヨイ出し」を

同じ目的があるから相手と気持ちを合わせられる

1章で、アドラー心理学を活かして自分の気持ちを変えていく方法を見てきました。

この2章では、人の気持ちがもっとわかる方法を考えていきます。相手の気持ちがわかれば、自分と相手との無用な行き違いもなくなってきます。

さまざまな場の研修でお話しするたびに実感するのですが、気持ちの行き違いの例としてそれぞれが目的と目標を混同していることが非常に多いと感じます。

目的とは「何のために?」という的《まと》のこと。的ですから、目的はたったひとつです。それに対し、目標は「どこに向かって?」というポイントですから、いく

つか中間地点があります。たとえば、ダイエットを例にあげましょう。

数字の目標にとらわれて、1週間で1キロ減の目標を掲げて絶食したり、無理な運動をしたりしていると、最初は健康のためという目的だったはずが、逆に健康を損《そこ》なってしまうこともあります。**目標が先立ってしまうと、もっと大切な、そもそもの目的を見失ってしまうのです。**

また、目標を立てること自体はよいことなのですが、こだわりすぎると弊害《へいがい》が生まれます。たとえば、目標を達成するために、毎日、決めた時間にランニングするなど……。

これらは、すべて手段です。運動をするのも、目標に向けての手段のひとつにすぎません。目標を重視しすぎて、できなかったら自分はダメだというレッテルを貼るというやり方は本末転倒です。

目的と目標を混同しがちなら、これは目標なのか、目的なのかをいつも考えるクセをつけるといいでしょう。


まず、「何のためにそれをするのですか?」と、目的から考えましょう。

京セラの創業者・稲盛和夫氏は、かつて「すべては目的から」と述べました。

目標を最初に考えてしまうと疲れてしまい、相手との間で互いに気持ちが苦しくなってしまうのです。

そうならないためにまず目的を立て、それから現実的な目標を設定する。

そして計画と手段を確認する。

目的に立ち返るには、「そもそも」という言葉を使うのもおすすめです。


「そもそも何のためにするのか?」


常に、この問いに立ち返っていれば、他人の意識とのギャップが生まれません。

目的を共有することで、お互いに相手の気持ちがわかり合えるのです。

目標は「クリアできそうなこと」が大事

物事に取り組む「目的」が共有されたとしても、「目標」が高すぎるとうまくいきません。達成度への評価の落差も生まれやすくなる分だけ、足りない自分やできない人をつい、責めてしまうようになるからです。

この責める気持ちがあると、互いの気持ちなどわかり合えません。

私自身も営業の仕事に就《つ》いていたとき、会社側から、達成できそうもない数字を提示されることが日常的にありました。そうなると、できないことが当たり前になり、達成する喜びなどありません。これではやる気がどんどん低下してしまうのです。

目標を決めるときに欠かせないポイントは、互いにきちんと話を詰《つ》めて進めること。どのくらいできるか、どれだけの可能性があるか。これらをすり合わせた目標であれば、クリアできるように気持ちを合わせていくことができるでしょう。

「ダメ出し」は、相手の気持ちが離れるだけ

人の気持ちを知りたい気持ちが高じて、相手をコントロールしようとしてしまうことがあります。

たとえば、「ダメ出し」です。

相手ができているところを見ずに、できていないところばかりを見て、指摘してしまう状態です。

「これはよくても、ここはまったくできていないじゃないか」と見ていたのでは、相手がその状況に至るまでの気持ちもわかりません。

こういう関わり方は、相手の人間性をないがしろにしています。

しかし、スポーツや教育の現場では今も広くダメ出しがなされています。「ダメ出し」は、もともとは演劇関係でよく使われる用語で、俳優に演技上の注意を与えることを指していました。

現在では仕事で、「あの企画、内容がつまらないと部長からダメ出しされちゃったよ」「営業の仕方が雑だとダメ出しされました」などと使われています。

そのため私たちは、「ダメ出し」に慣れてしまって、「よいところを伸ばす」よりも「ダメを修正する」ことに、より意識が向きがちになっています。

また、目上の方や改まった関係の方などに対して、「今後とも、ご指導ご鞭撻《べんたつ》のほど、何卒よろしくお願い申し上げます」という定型文が使われます。

普段何気なく使っているこの言葉ですが、よく見ると「ご指導」はいいとしても、「ご鞭撻」の「鞭」はムチ、「撻」はムチ打つことを指すので、「鞭で打って罰して戒《いまし》めてください」と言っているようなものです。

日本人は、このダメ出しの文化があるからこそ、道徳心が他国よりも強く、

「子どもから大人まで、公共のルールがきちんと守られている」「礼儀正しい」と海外から賞賛されている面もあります。

ただ、このダメ出しを続けていると互いの「尊敬」「信頼」「共感」「協力」の姿勢が失われていきます。ダメ出しをする目で相手を見ていると、相手は心を開かなくなってしまうのです。

なお、「尊敬」「信頼」「共感」「協力」については、3章でくわしく触れます。

人の気持ちを聞こうとしない人は人を失う

大阪で、震度6弱の地震があったときの話です。

交通機関が止まり、ある会社の社員が、「電車が動かなくてどうしましょう。会社に出なくてはいけませんか？」と、上司に電話をしたところ、返ってきた言葉は、「這《は》ってでも来い」でした。

それを聞いた社員が同僚にこの話を拡散し、その場で7人がその会社を見切って辞めたといいます。

このような話は、現在でもよく聞きます。

当然ですが、これでは互いの気持ちなどわからず、職場に人が定着しません。

以前、私が研修で関わったことがある中小企業の社長で、こんな人がいました。私の知人の社会保険労務士Aさんの紹介で、私が代表を務めているヒューマン・ギルドの研修を受けに来た人でした。

あるとき、その社長のパワハラが引き金となって、社員が一度に数名辞めてしまう事態に……。

意気消沈した社長がAさんに、「やっぱり自分が悪かったのでしょうか」と言ったところ、そのAさんから「当たり前です。みんなの前で怒鳴りつけたりしていれば、人が辞めるのは当然でしょう。反省して、ヒューマン・ギルドに行って研修を受けたほうがいいですよ」とアドバイスされ、私の研修を紹介されたそうです。

アドラー心理学の「勇気づけ」の考え方に感動したこの社長は、会社に戻ると、「社長を辞めて、会長に退《しりぞ》きます」と宣言。そして、幹部を集めて、こう伝えました。

「申し訳なかった。さんざんのパワハラで、社員も多く辞めてしまった。でも、私は社員を愛している。それにもかかわらず、こういうことをしてしまったことを心から詫びる」

……ところが、社長は結局いつまでも社長を退任しなかったそうです。

アドラー心理学の「勇気づけ」も、この社長には通用しなかったという残念なケースでした。

この会社は、聞くところによると現在でもやはり人が定着しないまま、ブラック企業と噂《うわさ》されているそうです。

人の気持ちを知ろうともしない行為は、結果的に、人という大切な財産を失ってしまうことになるのです。

「ねば」「べき」が行きすぎると相手も苦しくなる

責任感が強い人ほど引き起こしがちな問題があります。

ひとつは責任感の強さゆえに、**人に対して高圧的に接することで、相手のメンタルを傷つけてしまうという点。**

もうひとつは全体の責任を自分の責任と錯覚《さっかく》してしまい、**自責の念にとらわれすぎて本人がメンタルを傷《いた》めてしまうという点**です。

完璧主義の人は、何かと「○○をせねば」「○○するべき」ととらえがちです。ときに過度ともいえる自制心を働かせて、自分を苦しい立場に追い込んでしまう人も少なくありません。自分自身が苦しくなると、そのまわりにいる人も追い込まれていきます。

でも、この「ねば」「べき」の強さが問題なのです。

とくに几帳面《きちようめん》で真面目な性格だと自負《じふ》している人は、心して読んでおきたい部分です。「ねば」「べき」は、全員にとって居心地の悪い思いをつくってしまうのです。

「ねば」「べき」という発想を持ちすぎていないか、定期的に確認するようにしましょう。

人の心を開く「楽観主義の声かけ」

あなたは楽観主義でしょうか？　それとも悲観主義でしょうか？

とくに対人関係では、悲観主義的な態度で相手に接していると、知らない間に相手の心を閉ざしてしまうことになるからです。

フランスの哲学者アランは、著書『幸福論』で、このように述べています。

悲観主義は気分に属し、楽観主義は意志に属する。

『幸福論』（白井健三郎訳　集英社文庫）

たとえば、天気やその場の雰囲気に、自分の気分が左右されてしまうことがありませんか？　人と集まっているとき、機嫌の悪い人が一人いると、グループ全体の雰囲気までよどんでしまって気になることはないでしょうか。

このように、悲観主義は、気分、雰囲気、ムードから生まれやすいものです。

悲観主義に陥《おちい》ってしまうと、何の根拠もないのに、「どうせ明日もうまくいかない」「またイヤなことが起きるに違いない」と、どんどんマイナスのほうへ流されていってしまうのです。

水が高いところから低いところに流れるように、いとも簡単に押し流されてしまいます。**悲観主義は「勇気くじき」の大きな要因になるのです。**

この流れを断ち切るためには、自分自身の「意志の力」が必要です。

ただ流れに身を任せているだけでは、楽観主義へ舵《かじ》を切ることはできません。

マイナスの渦《うず》から、エイッと身体に力を入れて、プラスのほうへ泳いで戻ってい

くために は決断が必要なのです。

「毎日、雨が降り続いているけれど、明日は晴れるかもしれない！　そのときが勝負だ！」

「なかなか結果が出ない。でも、今日は手ごたえがあったからいけるかもしれない！」

意志を持って、そうとらえるようにしてほしいのです。

私たちは毎日、絶えず何らかの選択をしながら生活をしています。

「コーヒー？　紅茶？」「ごはん？　パン？」「和食？　中華？」「ニュース？　バラエティ番組？」など、これだってみんな選択です。

これから先、何千回何万回と楽観主義か悲観主義かを選ぶ場面が訪れるでしょう。苦しい場面でその選択を迫られることが多々あると思います。

そんなときは「楽観主義は意志の力！」だということを、思い出してほしいのです。

そして、**周囲にも同様に楽観主義の姿勢を根づかせることができれば、互いに心を開いた関係になります。**

それには、こんな前向きな日々の声かけも効果的でしょう。

前向きな声かけ例

「これも意味があることだ！」……何か問題が起こったとき

「最終的にはうまくいく！」……トラブルの渦中《かちゅう》にいるとき

「これが達成できたら、」……踏ん張りどころのとき

「大丈夫！　なんとかなる！」……周囲が不安になっているとき

「今日もいい日になる」……何かをはじめるとき

「生産性」も「人間性」も

かつての日本の会社社会は、社員は職場に居心地のよさを感じ、結束感《けっそくかん》も仲間意識もあり、お互い助け合う風土がありました。

ところが、1990年代のバブル崩壊後、そんな日本的な経営は否定され、「成果主義」が打ち出されてきました。**職場は個人主義的になり、協力者や仲間は、ライバルへと変わりました。助け合うべき職場風土が競争的なフィールドに変わった**のです。

周囲が協力者でなく競争相手になった結果、弱音を吐《は》けず、心身の不調を一人で抱え込んだまま我慢してしまい、周囲が気づいたときにはもう深刻な状態になっているということも……。相手の気持ちがわかるどころではありません。成果主義は経営問題だけでなく、職場環境の悪化というメンタルヘルス上の問題も、もたらしたのです。

仕事の場合は、生産性と人間性の2つの軸を欠いていては成り立ちません。とくに「よいものを、早く、安く」という生産性の追求は、企業社会においては不可欠な要素です。

その一方で、企業を成り立たせているのは人です。それぞれ血も涙もある人間であり、生産性・効率性の観点だけでは測れない存在です。

つまり、**会社は、業務面では生産性を追求しつつ、組織の運営面では人間性を追求しなければならない**ことになります。

「生産性」を求めると

なぜ「生産性の原理」だけで人を動かそうとすると問題が生じるのか。生産性の原理には6つの特徴と、それぞれがもたらす弊害があります。

①短期的な成果を求める（工業的）

早く結果を出さなければならないために、時間をかけて人材を育成するという観点が乏《とぼ》しくなりました。日本企業の人材開発のための予算は、1990年代以降、国際比較で見ても大幅に減らされています。

②理性的な営み（情的な部分の排除）

論理的な思考や理性的であることに重きが置かれ、お互いに対する情的な部分が、切り捨てられてしまうようになります。

③競争原理

組織内・組織間の競争が激しくなり、自分の周囲の人たちが協力者・仲間でなく、まるでライバルのようになってしまいます。

④欠点是正《ぜせい》

人の長所よりも欠点に目が向く傾向が強くなります。これを繰り返していると、恐れや不安が先行して、欠点を指摘された人の器が小さくなります。

⑤結果がすべて

「結果よければすべてよし」という風潮で、プロセスを見なくなります。よい結果を示せた人はいいですが、望ましくない結果だった人は敗北者扱いされてしまいます。

⑥「Ｗｈｙ」を繰り返して徹底的に原因究明（意思は介在しない）

本人の意思・意図を置き去りにして、「なぜ」「どうして」（Ｗｈｙ）を繰り返し、徹底的に原因究明を図《はか》ろうとします。

物の現象や出来事、成功に結びついた要因に対して「Ｗｈｙ」の質問をするのはいいのですが、人間の行動や失敗のケースに対してまで「Ｗｈｙ」の質問を乱発するのは、相手の勇気をくじくばかりか、相手との信頼関係を損なわせます。

このように、**生産性の原理は、製造現場などモノを扱う場面などでは極めて高い効果を発揮しますが、ひとたび人間関係に持ち込めば、とても冷たい、人間性を欠いた対応になります。**

「人間性」を求めると

では、「生産性の原理」とは対照的な、「人間性の原理」はどのようなものでしょうか。人間性の原理には6つの特徴があります。

①長期的視野で育てる（農業的）

中国古典の『老子』にこんな一節があります。

「人に魚を与えれば、一日食べることができる。しかし、魚の釣り方を教えれば、一生食べることができる」

人を育てるのは、それこそ息の長い営みで、手間ひまがかかります。促成栽培《そくせいさいばい》（ビニールハウスや温室を利用して、ふつうより早い時期に収穫・出荷すること）ではなく、まさに農業的に育てるという視点を持つ必要があります。

②血も涙もある人間に関わる

人間には、血も涙もあります。工業的な何かの素材のように、どれかを使ってどれかを切り捨てるというわけにはいきません。さらには、感情を持った生き物であるだけに、理詰め一辺倒《いっぺんとう》で動かせるものではありません。

③協力原理

人と人との結びつきは、1＋1＋1が3以上になるほどの成果を発揮します。そのことを「シナジー効果」と呼びますが、シナジー効果は、人が協力し合ったときに生まれるものです。

この効果を生むためには、目標の共有とコミュニケーションが欠かせません。よりよい人間関係こそが協力を生み出すのです。

④長所伸長

生産性重視の工業的な方法は、悪いところをカットすることですが、農業的な人間性の原理は、よいところ（長所）を伸ばすことです。長所が伸びていくと、悪いところはだんだんスペースが小さくなります。

⑤プロセスも大切

生産性の原理が「結果よければすべてよし」であるのに対して、人間性の原理は、「結果ばかりかプロセスも大切」です。なぜならば、プロセスを度外視すると、結果がまるで違うものになることがあります。地道な努力が確実な結果を生み出すのです。

⑥「Ｗｈａｔ ｆｏｒ」または「Ｈｏｗ」を使って意図・方法を探る（自己決定的存在）

人間は、自分の運命の主人公です。未来を予測し、目標設定できる能力があります。「何のために」（Ｗｈａｔ ｆｏｒ）と発想しながら、「どうやって」（Ｈｏｗ）という手段を考えて進めていくと、創造力に満ちた職場や対人関係を築き上げることができるようになります。

いかがでしょうか。

昨今、仕事では短期的な成果を求める傾向が強くなる一方です。3年先の成長よりも、とりあえず来月の売上をどうにかしなければならないというのが本音だという会社もあるでしょう。

だからといって、人を長期的視野で見るということを限りなくゼロに近づけてしまうのは得策とはいえません。

短期的な成果を求める生産性の原理だけで、人間性の原理に基づいた人材育成を放棄してしまうと、やがて取り返しがつかなくなります。

業務面では生産性を追求しながら、組織の運営面ではぜひ、人間性の原理を重視していきましょう。

3章

「言い方」ひとつで関係は変わる

――「なぜ？」を「どうしたら？」に

相手の「全体像」をつかんだ上での言葉

人の気持ちを理解するにも、はじめに「大局《たいきょく》」を見ることが大切です。1本1本の「木」ではなく、「森」全体を見るのです。

全体像の中で、何が本質的で重要な部分なのか。**もし問題があるとしたら、それが全体にどのような影響を及ぼしているのか。**そこを見極めてから、個々の事態に対処していきます。

ここで、ひとつ想像してみてください。

最近、外食やお酒を飲む機会が多く、休日もゴロゴロ……。明らかに不摂生《ふせっせい》をしていると感じているときに受けた健康診断。ドキドキしながらドクターに結果を聞きに行きました。そこで、2人のドクターから、こんなことを言われます。

■ドクターA

「ここの数値があまりよくないですね。お酒はどのくらい飲みますか？　だから、この数値も高いのか……。でも、このくらいならまあ大丈夫でしょう！」

■ドクターB

「全体としては問題ありません。大丈夫ですよ。ほとんどの数値が正常の範囲内ですね。ただ、ここの数値が少し高めなので、お酒はちょっと控《ひか》えてくださいね」

あなたなら、どちらのドクターにかかりたいですか？　ドクターAもドクターBも、結論は同じ「大丈夫」です。でも、受ける印象が違うはずです。

ドクターAは、**細部にこだわることによって、相手の気持ちをかなりくじいていることがわかります。**もちろん、医師ですから、細部までチェックするのは当然です。

でも、細部にばかり気をとられて、おおげさに言われたら、どうでしょうか。**細部だけにしか目を向けず、全体像を見失うことは、手段を目的化してしまっていることに**なります。

一方、ドクターBは、まず全体像の説明をしています。全体としては問題ない。そう伝えられたら、聞いているほうはほっと胸をなでおろすことができますね。

その後で、細かい部分の指摘をされれば、大きな不安は取り除かれているため、相手の言うことを素直に受け取ることができるのです。誰も重箱の隅をつつかれたい人なんていません。

その人の価値観やものの見方のことを「私的論理」といいます。

細部にこだわる人は、この「私的論理」にがんじがらめになり、自分の考え方や見方が正しいと信じ込んでしまいがちです。

それを正義の御旗《みはた》として振りかざしながら、相手をバッサバッサとなぎ倒し、裁《さば》いているつもりになってしまうのです。自分の価値観ばかりにこだわると、相手の細部にしか目が向かなくなってしまいます。

この「私的論理」を強く持っている人は、本人もつらくなってきます。「こうあらねばならない」という思い込みにとらわれ、それに適合しないもの――いわゆる重箱の隅――を無意識に探してしまうからです。


一方、人を勇気づける人は、まず大局を見ることを心がけます。もちろん勇気づける人も、多かれ少なかれ「私的論理」は持っているでしょう。でも、それにとらわれず、周囲と関わり合える、より幅広い感覚（共通感覚）を持って、物事に対処できるのです。

まず、全体像を見渡して、それから細部を見る。そうすることで、きっとコミュニケーションはよりよいほうへ変わっていくでしょう。

「尊敬」「信頼」「共感」「協力」の気持ちが言葉にも表われる

人と互いに「いい気持ち」でいられるには、「尊敬」「信頼」「共感」「協力」が欠かせません。この4つは、まず尊敬（リスペクト）がベースにあり、その上で信頼と共感がもたらされます。そして、この3つがさらに協力へと結びつくという関係にあります。

はじめに尊敬と信頼についてお話ししましょう。

アドラー心理学では、尊敬・信頼の前に「相互《そうご》」がつけられ、「相互尊敬」「相互信頼」と呼ばれます。どちらか一方ではなく、互いに尊敬・信頼し合っていることが重要だからです。

たとえ我を忘れそうになる状況や感情的になってしまう場面でも、いったん立ち止まり、距離を置いてその場面を俯瞰《ふかん》する冷静さを持って相手の尊厳《そんげん》を省《かえり》みる態度こそが、「尊敬（リスペクト）」です。

私はこの尊敬の態度があれば、パワー・ハラスメント（パワハラ）、セクシャル・ハラスメント（セクハラ）、モラル・ハラスメント（モラハラ）やドメスティック・ヴァイオレンス（ＤＶ）などは根源から絶つことができると信じています。人間関係での尊敬不足が尊厳を省みない対応を生むと考えているからです。

自分から先に、より多く、尊敬・信頼する

また、最初に「信頼」の関係を結ぶには、決意が必要です。そして、信頼の継続には、ときに忍耐力が問われます。

誰でも簡単に人を信頼することなどできません。また、ひとたび相手を信頼し

たなら、簡単にその決意が揺《ゆ》らぐようではいけません。安易に相手の行動や態度に口出ししてしまっては、信頼が損なわれてしまいます。

「全幅《ぜんぷく》の信頼」とは、部分的なものではなく、丸ごとの、あらん限りの信頼なのです。

つまり、相互尊敬・相互信頼の関係が成り立つためには、自分から人間関係をよりよくしようと決意し、より先に、より多く、相手を尊敬・信頼しなければ成り立ちません。

私は、企業の経営者と個別にお話しする機会が多いのですが、従業員からの信頼が確認されてからはじめて、相手を信頼するような人が多いのが現状です。しかし、何事も自分が先に態度で示さなければ、互いの信頼関係は生まれません。

自分がその相手と相互尊敬・相互信頼の関係をつくりたいのなら、こちらからより多く尊敬・信頼の態度を示し、それを言葉でも表現してこそ、相手はこちらを尊敬・信頼してくれるのです。

自分ばかり見ている人は「共感」「協力」の態度が欠けている

互いに「いい気持ち」でいられる関係をつくるためには、「尊敬」「信頼」のほかに、「共感」「協力」のキーワードがあることを最初にお話ししました。

私がかつて、ある会社で業績が上がらないグループの研修を行なったときのことです。メンバーの人柄や受講態度はよかったのですが、ある段階でこのグループには致命的《ちめいてき》な欠陥《けっかん》が見つかりました。

それは、「共感」と「協力」の態度が著《いちじる》しく欠けていたということです。

「共感＝相手の関心やその場の状況に関心を持つこと」は、重要なことです。

その研修先では、人の話を聞く際に勘違いが多く、「いったい人の話をどう聞いているのだろう？」といぶかしく感じる場面が多々ありました。

たとえば、懇親会のある場面では、私の前に座った人は、その会の間、一度も私に話しかけることはなく、ビールを注《そそ》ぐこともありませんでした。こちらから何度か語りかけても、数回ビールを注いでも、です。彼らは皆、まわりよりも自分にしか関心がなかったのです。

何人かに分かれて演習を行なったときも、テーマを決めるのに時間がかかり、さらには、テーマが決まらないのに勝手に自分で作業をはじめる人がいたことには驚きました。

「協力＝目標に向かって各自の持ち味を出し合うこと」は、組織に属している人なら欠かせません。しかし、一部の人の視野には入っていなかったのです。

共感能力が高ければ、相手の関心やその場の状況が読み取れるので、相手と会話のキャッチボールができ、自分の位置をわきまえられるものです。

また、会話の中で、ときに耳の痛い話があっても謙虚に聞くことができ、そういう話を伝えてくれた人に感謝の念を抱きます。

この「尊敬」「信頼」「共感」「協力」の4つのキーワードを常に頭に置くことで、人に振り回されることなく気持ちのいい関係を築く基本が育《はぐく》まれるのです。

「ほめる言葉」より「勇気づける言い方」を

「勇気づけ」「勇気くじき」の話をすると、なかには「わかりました。じゃあ、ほめればいいんですね」と、誤解する人がいます。

現在、「子育て」「教育」や「人材育成」の分野では、「ほめて育てる」をテーマにした書籍がたくさん出ており、「ほめて育てる」「叱《しか》らない」という考えが主流になりつつあります。

子育て中の保護者には、それらのタイトルだけを鵜呑《うの》みにしてしまう人もいて、「うちは叱らない教育を実践しています」と言って、その家の子どもが公共の場でまわりに迷惑をかけていても注意をしないという、本末転倒の光景を目にすることもあります。

「とにかく叱らない、いつもほめればいい」という短絡的《たんらくてき》な考え方では、遅かれ早かれ、その関係は行き詰まってしまうでしょう。

巻末でも、ほめることと勇気づけることの違いについて少し触れていますが、ここではちょっと踏み込んでお話しします。

「ほめる」と「勇気づける」の最大の違い

まずは、「ほめる」と「勇気づける」の違いについて次にまとめましたので、ご覧ください（81ページ）。

「ほめる」と「勇気づける」の最大の違いは、使える場面の限定性です。

「ほめる」は相手が成功した状況（あるいはほめる側の期待に沿った状況）でしか使えません。

一方、**「勇気づける」は、相手がたとえ失敗してしまったときでも使うことが**

×ほめる と ○勇気づける とは、そもそもここが違う

× 相手が自分の期待していることをできたとき（条件つき）

○ 相手ができたときだけでなく、失敗したときも。あらゆる状況で（条件なし）

× 上から下への関係性の中で、ひとつの「ごほうび」として

○ ありのままの相手に「共感」することで

× 「できたこと」に対して

○ 「やったこと」に対して

× 「口先だけ」と受け取られかねない

○ 「心からのもの」と相手に通じる

× 「その場限りの満足感」だけ。意欲は生まれにくい

○ 「明日への意欲」を生み、継続性が高い

出典：『勇気づけの心理学　増補・改訂版』岩井俊憲著（金子書房）

できます。

たとえば、新入社員のAくんが初めて一人で新規のお客様の開拓に行き、1週間経ってようやく1件の契約をとりつけてきたとします。

その際、「よくやったね。この調子でこれからも頑張れよ！」とほめることはできます。

では、Aくんが翌週から1か月経っても1件の契約もとれなかったときはどうでしょう。ほめる言葉をかけられるでしょうか。

「ほめる」には、前提条件として「成功」や「ほめる側の期待に沿った状況」が必要です。ですから、条件が満たされないと「ほめる」ことはできないのです。

では、「勇気づける」ならどうでしょう。

勇気づけには前提条件は必要ありません。相手が達成したときだけでなく、失敗したときにも勇気づけを行なうことはできます。

たとえば、Ａくんには「頑張って毎日外に出ていたけど残念だったなあ。悔しいだろうけれど、この1か月で学べたことはたくさんあるんじゃないかな。何か相談があったらいつでも乗るよ」というようにです。

「ほめる」は主観的な評価、「勇気づける」は相手への共感

「ほめる」は上の立場の人が目下の人に対して行なう「主観的な評価」です。

上司も人間ですから、同じ成果を上げた部下2人がいたとすると、どうしても相性がいい部下のほうを高く評価してしまいがちです。

また、「評価する／される」という関係は、決して対等な関係ではありません。

一方「勇気づける」行為は、上司の主観より、部下自身の関心に目を向けるため、上司側は、部下の行為・行動だけに注目します。また、評価のような上下関係はなく、ありのままの相手に「共感」する態度、横に寄り添う感覚が重視されます。

さらに、**ほめるのは「行為をした人」その人へですが、勇気づけるときは「その人がした行為」に焦点が当てられます。**

ですから、先の新入社員Aくんでたとえると、ほめる場合は、「(君は)よくやったなあ」となりますが、勇気づける場合は、「(君が行なった)日々の営業努力が実ってうれしいよ」となります。

前者の声かけでは、結果を残せないときに自信を失なったり、まわりと自分を比べてしまいがちですが、後者の声かけなら、本人のやる気が持続し、自立心も芽生えやすくなります。

相手のセルフモチベーションを上げる言い方

ほめられた場合も勇気づけられた場合も、「これからも頑張ろう！」と思う気持ちに火がつくのはとてもいいのですが、**「ほめる」場合、ほめられた人は他人との競争に意識が向かいがちになり、周囲の評価に振り回される傾向があります。**

ほめる対象を「行為をした人」にしていると、「自分」だけでなく「ライバルBくん」「後輩Cくん」がほめられている姿を見るたびに、Aくんは「次はあいつに負けないようにしなければ」と思ってしまいがちです。

でも、勇気づけの場合は「その人がした行為」に対するものなので、自分自身の研鑽《けんさん》につながります。

つまり、「もっと自分の行為の質を高めよう」「次はこんな工夫をしよう」と向上心や自立心、責任感が育まれていくのです。

このように、ほめられた場合と勇気づけられた場合、言われる側の気持ちにも違いが生まれてきます。

人を評価する「ほめ言葉」は、どこかマニュアル的で、言われる側が「こんな言葉をかけると喜ぶだろうと思って声をかけているんだな」と受け取ってしまう可能性があります。

一方、行為に対して行なわれる「勇気づけ」は、自分の行為を見てもらえた、認めてもらえたと思うことができる分、自信や自己肯定につながります。

よかれと思ってねぎらう言葉が、無用な競争心をあおったり、その人にとってモヤモヤすることにつながっていないか気をつけたいところですね。

「頑張れ」よりもっと気持ちが伝わる言葉

一見いい言葉に聞こえる「頑張って」というフレーズも、使い方によっては、相手のやる気を削《そ》ぐことになります。

一生懸命取り組んでいると自覚している人、責任感がとても強いのになかなか結果が出ないと悩んでいる人ほど、無責任に「頑張って」と声をかけられると、「もうこれ以上どうしたらいいんですか！」と、思わず反発してしまうものです。

残念ながら日本では、まだ根性論を掲げるリーダーが、少なからず存在しています。

根拠もなく、ただやみくもに「死ぬ気でやれ」「お前ならできる」「大丈夫、大丈夫」「なんとかなる」と声をかけることが「勇気づける」ことだと勘違いしているような人がいるのです。

でも、言われる側は、こんなふうに感じてしまいます。

「『死ぬ気でやれ』って、命をかけるほどの問題じゃないと思うけど」

「『お前ならできる』って、私の何を見てそう言うんだろう？」

「『大丈夫、大丈夫』って、何がどう大丈夫なのか具体的に教えてほしい！」

「『なんとかなる』なら、あなたがなんとかすればいいでしょう！」

相手の状況や立場をきちんと把握《はあく》しようとせず、無責任に追い立てるような言葉をかけるのは、「勇気づけ」とはかけ離れた行為です。

自分が苦しんでいるとき、悩んで八方ふさがりになっているとき、どのような言葉をかけられたいかを考えてみてください。

口先ではなく、たとえば「○○ができていたね」「○○を頑張っているね」「いつもよくやってくれているね」と言われたら、認めてもらえてうれしいという気持ちになりませんか？

無責任な応援より、努力している行為そのものに言葉をかけてもらえるほうが、人の士気《しき》は上がります。心の底、腹の底から出る言葉をかけていれば、それで十分なのです。

感謝の言葉はそれだけで「勇気づけ」になる

「ありがとう」という感謝の言葉は、それだけで勇気づけの言葉になります。

自分の行為・行動が誰かに感謝されるということは、その人に貢献できた、その人を喜ばせることができたということです。

人にはさまざまな欲求がありますが、精神的に健康である条件のひとつに「貢献感」があります。「ありがとう」という言葉は、この「相手の貢献感」を満たすのです。

「ありがとう」の代わりに、「すみません」「申し訳ありません」という言葉を使う人がいますが、これは感謝の言葉ではなく、謝罪の言葉です。

両手に荷物を持っているときに、前を行く人がドアが閉まらないように押さえていてくれた。レストランなどでスタッフがちょっとした心づかいを示してくれた。自分が休暇をとっていたときの突発的な出来事に同僚が対応してくれた……。

そんなときは、「すみません」でなく、ぜひ「ありがとう」を使ってください。

行なわれた行為に対して、本物の感謝の心を持ち、それをその人に適切に表現できるようになると、「ありがとう」を言われた人の目の輝きは変わってきます。

「なぜ」より「どうしたら？」の問いかけがいい

「原因論」と「目的論」という考え方があります。

原因論とは、「なぜ、〇〇だったんだろう」という過去や原因をほじくり返す考え方。

目的論とは「どうすればよくなるだろう」「どうやって改善すればいいだろう」「何のために、これをするのだろう」という未来や目的に焦点を当てる考え方です。

原因論では、過去に起きた何かが現在の生活や考え方に支配的な影響を及ぼすと考えるのに対して、目的論では、たとえ過去に何があろうとも、未来の目標を

持つことによって現在の状態や境遇を変えたり、選び取ることができると考えます。

目的論による考え方や行動は個人の意志が問われるものであり、自分自身が決定するという責任がともなうものでもあります。

「子どもの頃、親や教師にこう言われたから今の自分はこうなったんだ」というような、責任回避的な言い訳は通用しない厳しさがあります。だからこそ、自分の運命は自分の手で切り拓《ひら》くという決意が生まれ、自分自身に活力を与える「勇気づけ」にもつながってくるのです。

「どうしたら？」と聞かれれば解決方法が浮かぶ

それでは、具体的にどうすればよいでしょうか。「なぜ」を「どうしたら」に置き換えてみましょう。

「なぜ、君は仕事が遅いんだ？」

↓

「仕事を速くするには、どうしたらいいと思う？」

なぜ、仕事が遅いのかと言われたら、「すみません」「申し訳ありません」と言うしかありません。

でも、**仕事を速くするにはどうしたらいいか？　と聞かれたら、建設的な解決方法が浮かび上がってきませんか？**

たとえば、「手順を見えるところに貼っておく」「ファイルを分けてデータを整理する」「仕事の優先順位を、常に確認するようにする」などです。そのアイデアを相談したり、練り直したりして、実行すればいいだけです。

失敗に対する問いかけも、次のように言い換えてみます。

「なぜ、こんな失敗をしたんだ?」
↓
「何のために、このやり方をやっ(て失敗し)たんだろう」

そもそも、最初から失敗しようと思って物事に取り組む人はいません。誰でも、成功しようという目的を持って動きはじめ、結果として失敗してしまっただけの話です。

そのため、その途中の段階では、「こうしようと思って、○○しました」という目的があるはずです。

そこを共通認識として修正し、すり合わせを行なうという段階を踏めば、次に同じ失敗をすることはないでしょう。

目的志向に変えることによって、失敗を失敗として終わらせるのではなく、失敗から多くを学ぶことができるのです。

「なぜ、言ったとおりにできないの？」
↓
「どのように言ったら（説明したら）、わかりやすいかな？」

大人と子どもの関係だけではなく、経験がある人と浅い人との関係などにもいえますが、ベテランとビギナーの間には「共通言語」がありません。ベテランはついそのことを忘れてしまい、自分がわかっている言い方で話してしまいがちです。寿司屋の符牒《ふちょう》などと同じで、素人《しろうと》にはわからないということもあるのです。

そこで、**相手にわかってもらうためには、「どうやって（Ｈｏｗ）」という目的に向かう言葉を使うことです。そうすると解決方法が見えてきます。**

また、この言葉なら誰も傷つくことがなく、言われた側が不満を溜《た》めることもありません。これが目的（未来）を見つめることの大切さです。

原因を探るよりも簡単に答えが浮かび上がるという、何にも勝る利点があり、互いに不快な思いをすることがなくなるのです。

「教えすぎない」のも大事

私たちは人に対して何かと教えすぎる（オーバーコーチング）傾向にあります。**教えすぎは、相手にとって負担が非常に大きくなってしまう**のです。

プロ野球選手の例です。読売ジャイアンツから北海道日本ハムファイターズに移籍した選手がいます。ジャイアンツ時代、当時の監督はその選手に非常に期待していたのです。そして、「すごいホームラン打者になれるぞ！」とコーチ陣もオーバーコーチングになっていました。

いろいろな人がいろいろなことを言うので、その選手はわけがわからなくなってしまい、その結果、活躍できませんでした。

その後、ファイターズに移籍しましたが、新しいチームではその選手への指導を控えめにしていたのです。すると、自分の本来の力を発揮するようになりました。

それまでにも、オーバーコーチングの例は、たくさんありました。

野茂英雄という投手をご存じでしょう。野茂選手が近鉄バファローズに在籍していた時代、監督だったのがかつての名投手・鈴木啓示氏でした。

鈴木監督は現役時代からの「草魂《そうこん》」のスローガンをもとに、自分がやっていたように選手たちに対して腕が抜けるまで投げろという指導をしていました。でも練習で200球も投げていると肩を壊してしまいます。

そこで当時、近鉄バファローズでは、練習中、キャッチャーとピッチャーが示し合わせて、「135球、138球、140球」と投球の水増しをするのが流行《はや》りました。

監督からちゃんと200球なのを確かめろ、と言われても自らの肩を守るために水増ししてピッチング練習をしていたそうです。

その後、日本球界を飛び出した野茂選手がメジャーリーグに行ったときに、こう言っています。

「アメリカでは、選手に対してコーチは教えない。日本のコーチはすぐに、お前はここがダメだ、あそこがダメだと言う」

言えば言うほど、選手がぎこちなくなります。つまり、**オーバーコーチングは、欠点ばかりが気になって、長所が伸びなくなってしまう**のです。

これがオーバーコーチングの弊害です。

メジャーリーグのコーチのスタンスは極力教えず、教えたいときには、「May I help you?」（何か手助けすることはあるかな?）と聞くのです。

選手がそこで教えてほしいと言えば教えます。一方、日本では、「May I help you?」の発想がなく、すぐ指導に入ってしまいます。

これは選手を尊重していない日本と、尊重しているアメリカの大きな違いということを野茂選手が語ったことがありました。

もうひとつ脱線していうと、日本ではピッチャーがピンチになったとき、野茂選手いわく、ピッチャーのもとに選手が集まってきて、「頑張れ、気合い入れていこう」というようなことを言います。

ところが、アメリカの選手は近寄ってきたときに、「リラックス、リラックス」と言って帰るのです。日米の比較論として、よく言われていたことです。

アドラー心理学の「教えない」とはオーバーコーチングしないこと

ここで何が重要かというと、私たちは、何かとオーバーコーチングをすることが多すぎないかということです。

アドラー心理学の「教えない」というのは、「教えてはいけない」ということではなく、「オーバーコーチングしない」ということです。

必要に応じて、「May I help you?」というスタンスで、「君のことで気がかりなことがあるのだけれど、どうだろうか？」と声をかけ、「いいえ、私は自分でやりますから」と言ってきたら、本人に任せる。

「自分でもちょっとおかしいと思っています」などと答えてきたときには、「だったらここについて、こんなふうに考えてみたらどうだろうか？」と初めてアドバイスします。

つまり、教えないわけではなく、必要に応じて、ニーズがあれば教えるのがアドラー心理学なのです。

「言いにくいこと」を言うときに

自分と周囲のコミュニケーションを円滑《えんかつ》にするために必要なのは、アドラー心理学でいう「共同体感覚」です。

「共同体感覚」とは、「つながり感覚」と言い換えることもできます。

私たちは組織、家庭、地域社会、子どもの学校のPTA、同窓会など、一人でいろいろな共同体に属しています。**自分がメンバーとなっている共同体に積極的に所属し、参加し、貢献すること。これが共同体感覚です。**

その共同体に居場所を感じ、同じところに所属しているメンバーに共感し、その人たちを尊敬・信頼することができ、そこに何らかの貢献をしようと思うことができれば、「共同体感覚のある人」といえます。

人が集まる中には、さまざまなトラブルが発生します。そのトラブルの主な原因は、コミュニケーション上のものといえます。**一人ひとり、さまざまな個性がひとつの場の中で共存共栄していくためには、他人の価値観を認めた上で自分の価値観も大切にすることが何よりも重要です。**

各人がそれを意識できているとき、とても強固で温かい共同体を築くことができます。

求められるのは「仲よし」かどうかではない

では、そこのメンバーが和気あいあいと仲よくすればそれでよいのかというと、そうではありません。個々の集まりには個々に課せられたミッションがあります。たとえば、会社の営業部門であれば契約数を伸ばし、売上額を上げること。技術部門であればコストをかけずに高品質の製品を開発すること。サービス部門であれば顧客満足度を上げること。

そして、会社として前年比、前年同期比、ライバル組織よりも抜きん出ること、業界ナンバーワンになること……。これらは会社という組織に課せられた越えるべきハードルであり、それを抜きにして組織を語ることはできません。

共同体感覚に満ちた組織をつくっていく上で、はき違えてはいけないのは、「ミッションあってこその組織」であることが大前提であり、仲よくすることが目的ではない、ということです。

職場の同僚とは、自分の意思とは関係なく、あるミッションを達成するために一時的に集まった「チーム」のメンバーです。大切なのは「チームみんなが仲よくすること」ではなく、全員の持つ力を最大限に引き出して、ミッションを最高の結果で達成することであり、その成功のために不必要な権力争いや内輪もめは、いち早く抹消《まっしょう》していかなければいけません。

もし、意見が異なっても、必要なのはその相手をなだめることでも、食事に行ってご機嫌をとることでもありません。

ミッションを達成するのに悪影響を及ぼすようなら、その人にはチームから離れてもらう必要があるかもしれません。そこには当然ながら、好きか嫌いかや、性格が合うか合わないか、などの評価軸は入れてはいけません。

そこが明確に伝わっていないと、「人格否定された」「自分は放り出されるんだ」などというあらぬ不信感を持たれてしまい、さらなる問題を引き起こしかねません。

この点を間違えなければ、一人ひとりがひとつの目的に向かって集まり、「共同体感覚」の力が発揮できるのです。

互いの「成長」「進歩」がわかる言い方

何か物事を成し遂げるには「モノ」「コト」「ヒト」「カネ」が必要であるといわれています。

まず、「モノ」「コト」について考えてみましょう。

「モノ」をつくり上げるとき、それが工業製品であろうと、食品であろうと、つくる側は完璧を期します。なぜなら、ひとつの失敗や不具合が、それを使う側にも作る側にも大きな影響を及ぼすことがわかっているからです。

完璧を期すことはもちろん悪い面だけではありません。誰もが一度「いいモノだ」と認めると、それをずっと愛用するようになります。作り手と使い手の強い信頼が生まれるのです。

「コト」をなすときも、そこに、私たちは結果を求めます。

たとえば、ホテルを利用する際、私たちは支払った額に見合うサービスを求めます。

何かのアクシデントで部屋がダブルブッキングされていた。同じグレードの空室はない。その場合、もしアップグレードの部屋を提供してくれたら不満はそれほど大きくなりませんが、狭かったり、希望以下（禁煙を希望していたのに喫煙ルームだった、グループが別々の部屋になってしまった、など）だったりした場合、たとえ返金されたとしても不満やしこりは残ります。

「お部屋を調整するので時間がかかります」「スタッフ総がかりで努力しています」「朝から休憩もとっていないんです」などの過程や内部事情よりも、宿泊客にとって重要なのは結果です。

このように「モノ」「コト」に対しては「結果がすべてである」という認識を持って取り組む必要があるでしょう。

「ヒト」には、結果が出るまで時間をかける

「モノ」「コト」に対して、「ヒト」の場合はどうでしょうか。

端的にいえば、「ヒト」を前述の「モノ」や「コト」と同様の考え方で扱うのが「成果主義」です。

そこにはいくつかの大きな問題が潜んでいます。「モノ」をつくるのも「コト」を提供するのも、究極には「ヒト」の関与が必要不可欠です。だからといって「モノ」「コト」と同じように扱ってしまうと、結果として、メンタルヘルスが悪化するなど、さまざまな問題が起こってしまいかねません。

「ヒト」に関しては、「ヒト」のための「ヒト」ならではのやり方を考えなければならないのです。

それには、「ヒト」が意欲と向上心を持って継続的に働けるようにすることが必要です。

たとえば、大型補強をしているプロ野球チームがあります。打撃力を強くしようと、他チームから一流選手を引き抜き、大リーグからもパワーヒッターを呼び、莫大な費用をかけて次々と契約を交わしています。

シーズン前の下馬評《げばひょう》では、「あのチームが優勝するに決まってる」と、多くの人が言います。しかし優勝したのは、生え抜きの選手を丁寧に育てていて、ファンの信頼をしっかりと確保しているチームだったりするのです。

実績のある選手だけを集めれば勝てる、という短絡的な考え方は通用しません。これはどんな組織にもあてはまることではないでしょうか。

短期集中的に成果を出したいのであれば、「やり手だけ集める」方式も間違いではないかもしれません。それはその日だけ部屋を美しく見せるために切り花を飾るのと同じです。

でも、花が毎年咲き続けるように、中長期的に成果を出し続けたいのであれば、人を「育成する」ことが不可欠です。もっと長期的に考えれば、実のなる木で林や森をつくる。そのためには、苗《なえ》を育てるところからはじめなければなりません。

その苗が実のなる木へと育っていく過程では、水や養分が必要ですし、ときには剪定《せんてい》作業も必要になるでしょう。最初のうちは思ったような実がならないこともあるはずです。しかし、だからといって若い木を切り倒していると、いつまでたっても森はできず、収穫は見込めません。

「ヒト」も同じです。誰もが最初からベテランと同じように物事をこなせるわけではありません。今はよくできるという人にも、右も左もわからない新人の時代があったはずです。そこから成長過程を経て、昨日より今日、去年より今年、と徐々にできることが増え、成果を積み重ねていったのです。

どんな組織でも、当然結果が求められますが、目先の結果だけでなく中長期的な結果を望むのであれば、勇気づけや感謝などによって人のやる気をつちかうことが大切になってきます。

「結果だけ」を見るのではなく、取り組んだ過程も見る必要があるのです。

育てる側がその人の過程にまで目を向けるようになると、以前よりできたことが増えているのがわかったり、以前より取り組みが改善されたところが見えたりします。そのことで、階段を上《のぼ》るようにその人の仕事のレベルが上がることもあるわけです。

結果ばかり重視していると、人の成長を見失うことになります。

過程にもあわせて目を向けるようにしたいものです。

「成長」「進歩」に注目をし、それを言葉にして彼らに伝えてください。

たとえ、今、数字として成果が出ていない場合でも、「成長」「進歩」に注目されれば、その人が一歩前へ踏み出す力にもつながっていくことでしょう。

4章

何事も「受け止めやすくする」といい

——ネガティブなことはポジティブで「はさみ込む」

「問題」を見ずに「解決」に目を向ける

たとえば、あなたが取り組んでいることで何かうまくいかない事態が発生したとします。

そのとき、「なぜうまくいかないんだろう」「どうしてダメなんだろう」「なぜ同じような問題が発生するんだろう」と過去にさかのぼって原因を追及していくと、誰かがやっていることに問題があることになり、その後は犯人探しのようになってしまいます。

これを「プロブレムフォーカス（問題志向）」と呼びます。「原因論」に根差した考え方です。

一方、そんなとき、「どうなっていれば目的は達成できるんだろう」「どういう状態が理想的なんだろう」と改めて問い直し、そして、「今までうまくいっていたことはなんだろう」と、できていたところに注目してみたらどうでしょう。うまくいくための方法を探していけば、どうしたらいいかの道筋が見えてきます。**とくに人や組織に関わる問題は、原因を探ることよりも、目的にフォーカスしたほうが解決策が見えてくるもの**です。

取り組んでいることが滞《とどこお》ってしまっているときには、「どうなっていれば、目的は果たせる？」という問いかけをしてみましょう。「どういう状態が理想的？」という問いを投げかけるようにしてみてください。

自分に対してだけでなく、一緒に取り組んでいる人にも投げかけてみると、その人たちからも、答えを引き出すことができるようになります。

これは1980年代にアメリカで生まれた**「ソリューションフォーカス（解決志向）」という考え方で、問題解決力の向上を目的としており、アドラー心理学の目的論や「ヨイ出し」の考え方に深く通じているやり方です。**

困った人の行動には「目的」を探る

あなたの周囲に「困ったなあ」と思う人はいませんか？　一人、そういう人を思い浮かべてください。ではあなたは、その人の何に困っているのでしょうか。「嘘つきだ」「非協力的だ」「自分の頭で考えず、すぐに答えを求める」「エラそうに振る舞う」「いちいち歯向かってくる」……理由はさまざまでしょう。

では、その人は何のために、何が目的で、あなたにそのような態度をとっているのでしょうか。

嘘つきなあの人は、何が目的で嘘をつくのでしょうか。あなたを混乱させるため？　都合の悪いことを隠して自分を守るため？

いちいち歯向かってくるあの人は、何のためにあなたに歯向かってくるのでしょうか。権力争い？　単なるストレス発散？　あなたに何か復讐したいような気持ちがある？

私たちは常に「なぜ」という原因を探っていますが、「なぜ」ではなく「何のために」という目的を探ると、その人の達成したい何かが見えてきます。

もし、あなたを混乱させる目的で嘘をついているようなら、その嘘に動じないことです。そうすれば、相手はその方法では効き目がないということに気づいて、不適切な行動をしなくなります。業務に支障をきたすものでなければ、受け流したほうがいいでしょう。

いちいち歯向かってくる人の目的が権力争いや、ほかのことで抱えたストレスのはけ口だったなら、同じ土俵に乗らなければいいのです。

困った人への対応は、避けて通れない問題です。

「なぜ？」を探っていても、その人の悪いところばかりが浮かび上がってきて、

建設的な対応が何も浮かびません。

「こんなに問題があるんだから関わりたくない」という考えばかり湧いてきます。これではいつまで経っても解決しません。

問題行動を起こす人に遭遇したら、「この行動の目的はなんだろう?」「何のためにこんなことをしたのだろう?」と考えてみてください。「なぜ?」では見えてこなかった対応策が、自然と浮かび上がってくるはずです。

失敗を「悪」にしないで、その経験を活かす

人間は、生まれてから死ぬまでの間に、数々の失敗をします。私たちは、「失敗はしたくない」「失敗は避けよう」と思っていても、完全に避けて通ることはできません。

失敗そのものが不可避なのだとしたら、私たちがすべきことは、むしろ「失敗した後、どうするのか」「失敗からどのような教訓を受け取り、今後に活かすのか」に注力することです。

失敗が「悪」になるのは、それをごまかしたり、他人に責任転嫁したり、反省しなかったりという態度や行動に出るからです。

たとえば、人事異動で着任してきた上司が、「私は今までの人生で、一度も失敗や挫折を味わったことがない」と豪語《ごうご》する人だったら、あなたはどう思うでしょうか。

「この人は、人の痛みがわからないんだろうな。失敗したら許されないだろうな」と思いませんか？

むしろ、「私は新人の頃からさんざん失敗を重ねてきて、いろいろな方に助けてもらって今の自分がいます」と話す上司だったら、部下としては安心できるのではないでしょうか。

あなた自身、失敗したことを考えたら必ずいくつか思い当たるはずです。

もし、その失敗の数々を経験しなかったとしたら、今、どうだったでしょうか。

「あの失敗のおかげで、こういうことに気づくことができた。あれはムダではなかった」

そう振り返るのではないでしょうか。

失敗には共通した答えがあります。なぜ失敗をしたかというと、「そのことを行なったから」「チャレンジしたから」なのです。

失敗の記録は、ちゃんとした目標を持ち、積極的に取り組んだ証《あかし》ともいえます。とらえ方を変えるだけで、失敗＝学習のチャンスになるのです。

失敗の悔しさを「もう一度頑張ろう！」という燃料にして、事実を検証し、次の成功につなげていく、ということもできます。

失敗を恐れるあまりに安全な道ばかり選んで歩いていたら、大きな発見も、達成感も得られません。失敗を悪と受け止めず、その経験を共有することで、周囲の失敗を未然に防ぐ力にもなります。

人が失敗した場合も同様です。自己肯定感が低い人が失敗を責められると、負《ふ》のスパイラルに陥ってしまいがちです。

失敗は悪でも汚点でもなく、成功につながる種であり、チャレンジの証だということだけを互いに認めることで、一時的に落ち込むことはあっても、根拠なく人や自分を責めたりせずに、失敗から教訓を引き出し、同じ轍《てつ》を踏まないように対策することができるでしょう。

本当に勇気のある人は、自分の失敗をきちんと受け容れ、責任転嫁をすることなく、卑屈《ひくつ》になることもなく、失敗から教訓をつかんで再度立ち上がり、歩きはじめられる人です。

「いつも」「全然」は危険

「なぜなぜ分析」をご存じでしょうか？

「なぜなぜ分析」は、トヨタ自動車の元副社長、大野耐一氏が著書『トヨタ生産方式』（ダイヤモンド社）の中で展開した手法で、「ひとつの事象に対して5回の『なぜ』をぶつけることによって、物事の因果関係やその裏に潜む問題の原因を突き止めることができる」というものです。

このやり方は、ものづくりの現場のバイブルともなりました。

たとえば、この家電製品のリコールはなぜ起きたのか↓リコールの原因となるこのパーツには、なぜ不具合が生じたのか→このパーツの不具合の元となる原因は、なぜ生じたのか……など、まず問題となる出来事の一次原因は何かを探り当て、その一次原因が起こった原因（二次原因）はなぜ起こったか、二次原因が起こった原因は……と論理的に原因追及を5回繰り返せば、真の原因にたどり着くということです。

これをすることで、表面的な不具合を直す（一次原因にのみ対処する）だけではなく、問題が起きた根本までたどり着くことができ、同じ過ちを繰り返すこともなくなるでしょう。

3章でもお話ししましたが、この方法は、モノやコトについて考えていくには非常に有効です。最終的に何らかの形で対処できる方法を見つけやすいからです。また、原因が避けられないことだとわかったとしたら、同じミスを防ぐためには違う手段をとる、という選択もできます。

このような真摯《しんし》な反省や原因追及への取り組み、冷静で論理的な分析が、日本の「ものづくり」を支えてきました。「日本製は壊れない」「性能がいい」「使いやすい」という称賛《しょうさん》の声は、いつしか世界中に定着し、私たち自身もこのような仕事の方法を誇りに思ってきました。

でも、「ヒト」が対象になると非常に危険です。「なぜ」「なぜ」と聞くだけでは、相手を問い詰めているようで恐怖を感じさせたり、傷つけたり、そこから逃れようとするために言い訳を生んでしまう可能性が高く、人格否定につながりかねないからです。

「感情的」になっていいことはない

「ヒト」に対して問題の解決を図る上でおすすめしたいのは「なぜ」と理由を探るのではなく、「どうしたら」と解決策を探る方法です。

「今月に入って4回目の遅刻だけど、あなたはどうしたら遅刻をしなくなると思う?」

「前期と同じ書類提出のミスがあったけれど、どうしたら同じミスが再発しないようになるか考えてほしいんだ」

まず、「いつも」「全然」などという主観的な言葉ではなく、事実に基づいた「今月に入って4回目」「前期と同じミス」というような客観的な表現をした上で、「どうしたら」と投げかけます。

そうすると、相手は感情的に責められているのではないことがわかった上で、改善策を考えます。感情的に責められていると思うから、人は言い訳をしてしまうのです。

また、**改善策を考えることを通して、本人も感情的ではなく論理的に問題点を分析し、改善につながる方策を探すことができます。**

自分で考えていくことは、とても重要です。

人のモチベーションを失わせる「なぜ」より、「どうしたら」を使うことで、失敗を防ぐだけでない建設的な解決法が生まれるようになります。

目標や指示は「グ・タ・イ・テ・キ」に

窮地《きゅうち》に陥ったとき、私たちがよくしてしまいがちな行動があります。

①精神論が横行《おうこう》する
②恐怖によるモチベーションに傾く
③指示・命令に抽象的表現が多くなる

①の精神論とは、「頑張れ」「気合を入れろ」「とにかくやるしかない」などと、論理的な裏づけなくなんとかしようとするものです。これが問題の根本的な解決

につながることはありません。

②の恐怖によるモチベーションとは、人に対して「使えない！」「また評価が下がるよ」などと、強い叱責《しっせき》や評価をネタにプレッシャーをかけて行動させようとするものです。これでは、人は萎縮《いしゅく》するばかりです。

③の抽象的表現とは、「みんなの連帯感を高めて」「一丸となって」「きちんと対応します」「責任を持って」など、具体的な5W1H（いつ、どこで、誰が、何を、なぜ、どのように）がなく、どう行動したらいいのか、判断できないような言葉ばかりになることです。

こんなときは、目標や指示は「グ・タ・イ・テ・キ」でなければいけません。「グ・タ・イ・テ・キ」とは、

グ……具体的
タ……達成可能

イ……意欲的
テ……定量的
キ……期限つき

の5つのポイントです。

◎具体的

たとえば、あるレストランチェーンが「お客様の信頼を確保するレストラン」という理念を掲げたとします。

その場合、それぞれの店舗のフロア担当の正規、パートなどの区別なく全社員がお客様に明るく元気な「いらっしゃいませ」が言えること。また、人数を確かめたら、「3名様ご案内」と声を出す、などして周囲のスタッフにも知らせるようにする、といった現場レベルで行動に落とし込めるものになっていなければなりません。

◎達成可能

みんなで共有し合う目標については、簡単に達成できるくらいのレベルではなく、だからといってハードルが高すぎるものでもなく、頑張れば達成できるぐらいの目標にすることです。達成できそうもないノルマを課されても、不正を働いたり、取り組もうとする人のやる気が失われたりするだけです。

◎意欲的

一人ひとりが結果を出すには、本人にとってやりがいのある目標であることが重要です。それには、頑張れば達成できる目標と、本人が自主的に叶えたいと思える目標を合わせたほうがいいでしょう。

自動車メーカーのホンダの創業者、本田宗一郎氏が「マン島TTレースで優勝しよう！」と熱く語り続けたことで、もともと従業員の圧倒的多数が「絶対無理だ！」と思っていたのに、優勝という結果を達成してしまったということがありました。本人たちが意欲的になることで、少々高い目標でも達成できるのです。

◎定量的

「毎朝1時間を英語の勉強にあて、テキストを4ページ学習する」「毎月3万円貯金をする」など、誰が見ても誤解なく数値で測れるものを掲げることが大事です。

◎期限つき

目標を達成する期限がしっかりと定まっていることも欠かせません。

最終期限から逆算し、数字も取り入れて中間点でチェックするようにします。

たとえばダイエット。ある男性が現在の体重88キロを12か月後に72キロに減量するとします。

その場合、まず6か月後の目標を80キロとし、1か月で1・4キロの減量を目指すというようにして、理想の中間地点を明確にしておくと、取り組みやすくなります。

このように、「グ・タ・イ・テ・キ」の5つの要素を明確にすることで、実践すべきことが明瞭になり、やる気も引き出すことができます。

自分自身に対しても、一緒に物事に取り組む仲間に対しても、この「グ・タ・イ・テ・キ」を意識することで、達成できることが格段に増えてくるはずです。

モチベーションが高まる「6つのステップ」

自分やまわりのモチベーションを気持ちよく高めるには、どうしたらいいでしょうか。

それには、次の6つのステップを踏むことが非常に効果的です。

第1のステップは、「ビジョンを描く」ことです。

まず、「こうしたい」という理想の絵を描きます。実現できる可能性があって、強く心をひかれるものでなければビジョンとはいえません。

途中の道筋では苦しみがあるかもしれませんが、夢が実現したときに、大きな達成感を味わえるものがビジョンです。

第2のステップは、具体的に「目標を設定する」ことです。

到達点と、数値目標を決めます。前述した「目標や指示はグ・タ・イ・テ・キに」がそのままあてはまります。

第3のステップは、描いたビジョンと設定した目標に向けて自分とまわりを駆《か》り立てるよう「勇気づける」ことです。

個々人に合った言葉かけが必要になってきます。

第4のステップは、困難を乗り越えて「断行する」ことです。

「断行する」とは、「決断・実行する」ことをひとまとめにした言葉です。

「断行」ですから、反対意見に押しつぶされないような気迫を込める必要があります。

よくありがちな「時間をかけて取り組む」という対応は、聞こえはいいのですが、引き延ばしの口実にされたり、責任があいまいになってしまったりすることがあります。

変化の激しい時代ですから、時間がかかりすぎるのは問題です。短時間で決断し、ときには見切り発車しなければならないこともあるでしょう。

第5のステップは、断行した後に、目標と照らし合わせて「結果をチェックする」ことです。

「結果をチェックする」ことの狙いは、どこに問題があったかを明らかにして教訓として活かすことと、次の目標に向けてしっかりした情報を相手に提供することにあります。

ですから、チェックするにあたって犯人探しをしたり、重箱の隅をつついたり、過度に競争するのは意味がありません。互いの意欲を失わせ、逆効果になってしまいます。

第6のステップは、目標と結果のギャップがどこから来ているかを明らかにした後で、同じことを繰り返さないように「教訓を活かす」ことです。

このステップでは、いい結果も、悪い結果も将来の糧《かて》にします。そうすれば、それぞれのこれまでの取り組みが、すべて意味あるものになります。

この考えを互いに浸透させることができると、それぞれが自主的に6つのステップを踏めるようになります。

「ポジ↓ネガ↓ポジ」のサンドイッチ作戦

よかれと思って言ったことが、伝え方によって逆効果になってしまうことがあります。

ある上司と部下のやりとりを例にあげましょう。営業の電話をかけている部下に、上司がこんなアドバイスをしました。

上司「○○さん、ちょっといいかな」
部下「はい係長、なんですか？」
上司「断られても電話を続けている君には感謝しているよ。でも、今の電話を聞いていると、『一応』という言葉が多すぎるよね。相手からするとごまかされている感じがすると思うよ。それから『え～』を乱発しているけれど、それでは相手に言いたいことが伝わらないと思うよ」

部下「そうですか。意識したことがないので、自分ではわかりませんでした」

上司「君の頑張りはわかるけれども、あれではアポイントはとれないから、もう少し話し方の訓練をしたほうがいいよ」

部下「わかりました。以後気をつけます」

上司は的確な部下指導ができたと満足。ところが、このとき以降、部下は上司が席にいるときには、営業のための電話をかけなくなってしまいました。

何がいけなかったのでしょうか？

上司は、アポイントが1件もとれていない部下を呼び寄せ、「一応」や「え～」という言葉が多すぎるという問題点ばかりを指摘しています。少しずつでも電話をかけようとする部下の姿勢には、あまり目を向けておらず、かえって部下の意欲を削いでいます。

では、どのように伝えればよかったのでしょうか。

「よかれと思って」がいい形で伝わるために

効果的なフィードバックの仕方は2つあります。

ひとつは、「本人に振り返ってもらうこと」、もうひとつは、「ポジティブ→ネガティブ→ポジティブの順で伝えること」です。

まず、本人に振り返ってもらうときの方法を解説しましょう。

「断られても電話を続けている○○さんには感謝しているよ。ところで、お客様の立場で考えてみよう。電話を受ける際に何か気がかりになる点はないだろうか？」

と問いかけて、答えてもらいます。

これを先にすることで、他者からフィードバックされて傷つく可能性が低くなります。自分で振り返って心の準備をすることで、人の話を謙虚に受け容れることができるのです。

もうひとつの「ポジティブ→ネガティブ→ポジティブ」の伝え方は、次のようにしてみてください。

「断られても電話を続けている○○さんには感謝しているよ。ところで、今の電話を聞いていると、『一応』という言葉が多すぎるね。相手にとってみたら、ごまかされている感じがすると思うよ。それから『え〜』という言葉が多いかな。この2点だけ気をつけたら、断られても粘り強く電話を続けている○○さんなら、必ず成果を出せると思うんだ。粘り強さには頭が下がるよ。ありがとう」

要望を間にはさんで伝えることで、相手も受け止めやすくなります。

冒頭でまずポジティブな言葉を伝えると、相手はリラックスして話を聞くことができます。

その次に「こうしてほしい」と具体的に話す。すると、相手は「○○をしなければいけないんだな」とわかる。

そして最後もポジティブな言葉で締めることで、後味も悪くなく、「私はあなたを責めているわけではありませんよ。一緒に頑張りましょう」という気持ちが伝わる。

これは、心が折れやすい相手に対しても、とても有効な伝え方です。

一人ひとりが結果を出せるようになるには、それぞれが受け止めやすい伝え方をすることが鉄則です。

1対1の場を活かす

人に注意するのは難しいものです。

注意は、相手が習慣や行動を改めたり、相手の成長へとつなげたり、やる気を起こすために行ないます。

そのときに忘れてはいけないのは、相手に対する限りない尊敬・信頼をもとに、相手の成長を心底願って、できるだけ冷静に対応するということです。

注意するときは、まず1対1で行なうことが基本です。

大人数の場で声を荒らげて叱ったりすると、叱られたショックだけでなく、

「メンツをつぶされた」「まわりから冷ややかに見られた」という印象も残ってしまいかねません。

そして、単に叱るのではなく、相手のした行為の背景にある意図や目的を尋ねるようにします。

また、「相手を一段上のレベルに成長させる」ためには、期待を込めて伝えるのがいいでしょう。

たとえば、

「教えたことと違うことをやっているね」

「君のやり方は、チームのルールに反しているのではないかな」

「どうも○○さんらしくないことをしているね」

「少し手を抜いているように見えるけれど、こちらの思い違いだろうか」

もし、何度も同じ失敗をするときには、1回だけ叱責して後は放置するのではなく、本人の自覚をうながしながら、次の中間チェックの時期を決めてフォローします。

実際にフォローを行なうにあたっては、最初はぎこちないかもしれませんが、粘り強く取り組んでいくことが必要です。

集団の場で注意してもいいケースと、効果的な言い方

人に注意するときは、1対1が望ましいのですが、次のような場面では、集団の中で行なうのも効果的です。

①その場全員に対して教育効果をねらうとき

会議の場などで誰かの失敗事例をメンバーに報告し、何がよくなかったのか、どうすればいいのかを共有して、メンバー全員の教育効果をねらうときです。

ただし、このやり方は、例にあげた当人が恥をかかされたと思ってしまう可能

性があるので、話に取り上げる人から事前に了解を得ておいたほうがいいでしょう。

そしてあえて集団の中で注意するには、こんな言い方があります。

「もっと高い目標にチャレンジしてほしいんだ」
「このレベルに甘んじてほしくない」
「○○さんなら、もっと高い目標がクリアできるのではないかな」

現状を、期待に近づけようとする言い方です。

②注意をされる側が精神的にタフなとき

かなり昔のエピソードになりますが、プロ野球チーム・読売ジャイアンツが前《ぜん》人未到《じんみとう》のV9の達成に向かいつつある頃、当時の川上哲治監督が主力打者の王貞治選手でなく長嶋茂雄選手のほうだけを皆の前で叱った話はあまりにも有名です。

王選手は、叱られると後を引くタイプでしたが、長嶋選手は「え、へへ」で終わってしまうタイプで、叱られ役としては、ちょうどよかったようです。

このやり方は注意される側がタフな場合には、問題ありません。

③注意をする側が信頼されているとき

注意は、する側とされる側との関係が大きく影響します。注意をする人が、される人から信頼されているのなら、叱咤激励しても関係が悪化したりしません。むしろ「あの人が言うのだから」と、言われる側がかえってありがたい思いを抱いたりもします。

④注意後にフォローがあるとき

注意をしてから間をあまり置かずにフォローをすることで、感情的なしこりを残さないようにすることができます。

3分間手を止める

人と気持ちよくコミュニケーションをとる上で大切なことがあります。それは、3分間手を止めて、人の話を〝聴く〟ことです。

私の友人に、ある会社の役員をしていた人がいました。

彼は役員になる前は営業部長だったので、バリバリ指示をして、部下が報告に来ると、こうしろ、ああしろとさらに指示を出していました。

しかし、部下は言ったことをまるで実行に移さなかったそうです。営業部長だった彼が私に、なんで部下は指示を聞かないんだ、と言っていたので、私はこう伝えました。

「部下の話を聴くときは、こちらが何か話したくても3分間待ってみてください。3分間待って、手を止め、相手に自分のヒザをちゃんと向け、目線を合わせるんですよ」

部下が来たらまずパソコンなど作業の手を止めます。そして、自分のヒザを相手に向けて、目線を合わせて話をします。3分間聴いていると、部下は相当な情報量を話せます。

「こういうことがしたいです。こんなことに困っています。このことについて、部長が指示してください」

人は自分が考えたことをやりたいものです。なので、いきなり話を聞かれることもなく指示をされると、モチベーションが下がってしまいます。

彼が手を止め、ヒザを向け、目線を合わせることを続けたことで、部下たちの成果が上がり、結果、彼は役員にまでなれたのです。

「コミュニケーション」と聞くと、話し方がまずいのだと思い込んでいきなり話し方の教室に通ったり、プレゼン研修を受けたりする人がいます。それよりもまずは聴き方の訓練が必要な場合が多いのです。

相手の話をよく聴くようになるだけで早く、強い信頼関係を築くことができます。

また、話を聴き終わって指示をするときは口で言うだけでなく、視覚に訴えかけるようにすると効果的です。

人は耳だけで聞いていることについては、どうしても誤解が生じやすくなります。聞いただけのものよりも、実際に見たもののほうを圧倒的に信用するものです。

メールや資料など、目で見える形に残すといいでしょう。

私はあなたに関心があります

人と気持ちのいいコミュニケーションをとれる人は**「共感的な態度」**をとっています。

共感的な態度とは、**「相手がどんなものに、どんな興味を抱いているのだろうか」**と関心を持つ態度のことです。

たとえば、「どういう見方で言っているのだろうか」「どういう観点からこういう話をしてきたのだろうか」と、相手のものの見方に細やかに配慮していきます。

自分の考えや見方と違ったとしても、それが当たり前。「○○さんはそう考えているのか。○○さんの立場で考えると、そういう結論になるのか」と受け容れられます。

たとえば、いろいろと不慣れな新入社員と話すときは、「こういう目標があって、あなたの役割はこうだから、こういうふうにやってもらいたい」と、その人の今のレベルに応じた形で、具体的に伝えましょう。

相手から意見や質問が出たときには、「○○さんはそう思うのですね。ただこういう考え方もあるのでは？　こうしてはどうでしょうか？」と、共感的な姿勢を崩さずに軌道修正して進めていきます。

一方、ベテランに対しては、「こういう大きな目標があるから、こういうことをお願いしたい」と伝えるだけで十分でしょう。

信頼できる相手であれば、向こうが求めてこない限り、余計な口出しは必要ありません。多少こちらのやり方と違ったとしても、すぐに否定したりせずにじっと見守る勇気を持ったほうが、よい結果につながっていくでしょう。

「あなたは」ではなく「私は」

意見を言うとき、伝え方によっては互いの気持ちに波風が立ちかねません。

結論から言うと、気持ちよく伝えるには、「私」を主語にすることです。

「私」を主語にして、自分の意見を表現する方法を「私メッセージ」といいます。

逆に、「あなた」〝You〟を主語にして伝えると、相手に対する非難・攻撃を含んだ、決めつけ調の表現になってしまうのでおすすめできません。

伝えるときには、①**相手の行動**、②**自分の感情**、③**自分への影響**を入れるようにします。

一例をあげましょう。

会議中体調が悪くなった同僚を、病院に連れていった部下がなかなか戻ってこなかったとします。そんなとき、上司はこんなことを言ってしまいがちです。

「どうして君は、病院に送り届けた後、すぐに戻ってこないんだ。まさか油を売っていたんじゃないだろうね」

これでは、病院までついていった当人の反発を生んでしまいます。

一方、「私メッセージ」を使うと、次のように表現できます。

「君がなかなか戻ってこないから、心配したよ。15分くらいで戻ると思っていたのに30分以上かかっているから。君の身にも何か起こったのかと心配してね」

どうでしょうか？　ずいぶん印象が違うでしょう。

ただ、この「私メッセージ」を使っても、感情的になってしまうのはNGです。「君がなかなか戻ってこないから、腹が立ったよ！　15分で戻れるはずなのに30分以上もかかっているし、油を売っているんじゃないかと思った」

怒りをあらわにすると、相手には疑われた、挑発された、攻撃されたという感情が生まれます。すると、「自分にも戻れなかった理由があるのに！」という気持ちが湧き上がってしまいます。

感情的にならずに、自分の意見を「私メッセージ」で伝えれば、相手も受け容れやすくなるのです。

やりがちな「決めつけ・誇張・全否定」

一緒に物事に取り組む仲間とコミュニケーションをとるとき、してはいけないことが3つあります。

①決めつけて意見を言うこと（決めつけ）
②問題をふくらませて言うこと（誇張）
③全否定すること（過度の一般化）

決めつけは、「どうせやらないんだろう」「また間違えるに決まっている！」と、事実でないのに決めつけてしまうことです。

ミスが続いたり、注意されたにもかかわらず同じようなことを繰り返す人に対してしてしまいがちなことですが、これをすると、みんなの士気が下がったり、決めつけられたとおりの行動をまた繰り返してしまうことになりかねません。

誇張というのは、「いつもいつも」「しょっちゅう」「～してばかり」「みんな」「全部」「誰もが」「すぐ」といった言葉を使って、おおげさに表現することです。たとえば、10回トライしたうち、2回失敗したとします。たった2回では「いつも」というレベルではないはずなのに、「また今度もかよ」「何度注意したらわかるんだ」と言ってしまったりすることです。

こう言われてばかりいると、言われた側は素直に改善しようと思えなくなってしまいます。大きな反発心を招く可能性すらあります。

誇張に走ってしまうのは、根底に怒りの感情があるからです。感情的になる前に、冷静に意見を伝えることが必要です。

全否定（過度の一般化）は、あれもこれも否定することです。

たとえば、誰かが何かミスをしたとき、「だいたい態度からしておかしい。何をやらせてもダメ。最低だ！」などと、目の前の問題とは無関係のことまで持ち出して相手を責めたりする状態です。

あれもこれもとまるで人格否定に近いようなことを一度に言われると、言われたほうは「自分は全面的にダメなんだ」と自信を失ってしまいます。

これらは、相手の心をくじいてしまうやり方で、いいことは何もありません。

それよりも、**誰かの小さな進歩に気づいたら、それを認めることが大切**です。

誰だって初めからいきなりホームランを打つことはできないのですから。

何か失敗をした人へのアプローチ

もし、誰かが失敗をしたときは、こんなふうなアプローチをしてはどうでしょうか。

「○○くんなりの注意ポイントはなんだろう？」

「1か月、○○さんなりに全力でなんとかしようとトライしてみない？　私もできるだけ気がついたら言うようにするけれど、やはり○○さんの成長を見たいと思う」

「あなたが真摯に取り組む姿に日頃から感動しているけれども、やはり、もう一歩進んでほしいんだ。そのためにあなたにできること、私にできることを、お互い明確にしてみよう」

このような関係を築くことができれば、相互の信頼が生まれ、協力し合うことができると思いませんか？

アプローチ次第で、人との関係は大きく変えられるのです。

5章

まわりに振り回されない接し方

——いつも「リアクション」をとる必要はない

ミスが多い人には

「ダメ出し」より「ヨイ出し」に徹する

毎日、いろいろな人がいろいろなことをあなたのまわりで起こします。それらに一つひとつ振り回されていては心が乱れるだけ。

この章では、さまざまな特徴がある人をタイプ別に、どうやってつき合えばいいのか見ていきます。

まず最初は、いろいろとミスが多い人に対してです。

ミスが多い人は、自分で「私は失敗しやすい」と思い込んでいます。

「私は能力がある」「私は努力家です」と自分をとらえている人は、そもそもそれほど失敗しません。

ミスが多い人は、自分の行動を失敗のほうへわざわざ向けるような心理状態になりがちで、「○○さん！」と注意されたりすると、余計に萎縮してミスを重ねてしまいます。

ですから、時折うまくいくことがあっても、「これは例外なんだ」とみなして、失敗する自分がいつもの自分の姿だと思い込んでしまっています。

さらに困ったことに、何かミスをしたときには、「またやっちゃった。いつも自分はこうなんだよな……」と一種、酔いしれてしまうようなところさえあります。

このタイプの人たちには、「ダメ出し」ではなく、まわりが日常的に「ヨイ出し」をしていくのがいいでしょう。「ヨイ出し」とは、**よいところをどんどん指摘していく**ことです。

こうしてよいところが自覚できるようになってくると、「ときには失敗することがあるけれど、大半はうまくいっている」と認識を変えられるようになります。

同時に、失敗しやすい部分を何度も何度も繰り返しトレーニングして、「なんとかなるんだ」と体感していけばいいのです。

どんなに小さなことでもいいので、成功体験や過去にうまくいったことを思い出してもらうのもいいでしょう。

いい経験がたくさんあるにもかかわらず、ミスを繰り返す人は、どうしても「失敗の倉庫」から、失敗した経験ばかりを引っ張り出してシナリオをつくってしまうところがあります。

「うまくいったときはどんなとき？」「どんな成功体験があったの？」と問いかけて、「成功の倉庫」から、記憶を引っ張り出してあげてください。

成功体験を思い出すことは、その負の連鎖《れんさ》を止めて自己イメージを変えるために効果的です。

人の助言をあまり聞かない人には

「3つのやり方」があることを示す

人の助言を聞かずに、自分流で進めて失敗する人がいます。

その人特有のものの見方がゆがんでいて、「決めつけ」が強い人に多いといえます。そして自分で決めつけたことに対して、妥協《だきょう》をしないのです。

ひとつ思いついたら突っ走ってしまい、

「この見方もある」

「こういう手段もある」

といったように、複数のものの見方や選択肢を考えていないため、まわりからはいい評価をされません。

ただ、このタイプの人は、単にシンプル発想の持ち主ともいえるので、まずは、「答えを3つ考える」という方法を示してみてはいかがでしょうか。

「ほかの人なら、どうとらえると思う？」
「ほかの人なら、こう言われたときにどう受け止めるだろう？」
「どう行動に反映させればいいでしょうか？」

このように投げかけて、考えてもらうようにしてください。そうやって思考の幅を広げるのです。

もうひとつ意識したいのは、「これは、何をいつまでに、どういうふうにしてほしい」という**具体的な指示**をすることです。

それでももし、自分流のやり方を押し通そうとしてきたなら、「じゃあ、そのやり方でやってみてください」と言ってしまいましょう。

うまくいったらそれでＯＫ。

ただ、失敗することが明らかに多い場合、「私はこう言ったけれど、あなたはこういう判断のもとで進めました。ただうまくいかなかったから、このことについて考え直してみるのはどうだろうか」と、冷静にやりとりするのです。

トライ→エラー→チェック（検証）を人と一緒にすることによって、違うやり方もあるということに、本人が気づけばいいのです。

協調性のない人には

ゴール（目標）を確認しつつ、本人の持ち味を発揮させる

協調性がない人というのは、ひと言でいえば、目標が見えていない人です。たとえば、「いつまでに、何をどうするか、改めてもう一度言ってみてくれますか？」と聞くと、「いや、とにかくはじめなきゃ」と答えたりします。自分で勝手に理解して、勝手に進めてしまうのです。これではうまくいきません。

今、取り組んでいることの到達点はどこか、どういう完成度を求められているのかを尋ねてみてもしっかり把握していないのです。

ただ、このタイプの人は、一生懸命やる気持ちは持っています。貢献欲や参加欲もあります。ですから、**「あなたにはここまでやってもらうことを期待してい**

ます」というゴールをハッキリ伝えた上で、それぞれの持ち味を活かしながら得意なことを割り振り、「各人の強みを活かして、こんなことをしていきましょう」と一緒に取り組む仲間の了解も得るようにするといいでしょう。

それぐらいでは話が通じないなら、「ほかの人にあなたはどう見えるだろうか。あなたはまわりの人のことを気にしないまま進めているけれども、あの人の立場から見たらどうだろうか?」と、その人とは違う立場から見ることを問いかけることも大切です。

そのままにしておくと、まわりの反発を買って、他のメンバーの足を引っ張ってしまう可能性があるからです。

ただ、協力してもらわないほうがかえってうまくいくという場合もあります。あまりにも個性的であったり、何か突出して得意な分野を持っている場合には、その人に協調性を無理に求めず、強みをより発揮してもらうことに徹してもいいでしょう。

すぐ「できません」と言う人には

「スモールステップ」を踏んでもらう

すぐ「できません」とあきらめてしまう人がいます。

リスクを恐れているため、面倒なことには手をつけないでおこうとしている。つまり、「できない」のではなく、「やろうとしない」という失敗を恐れて勇気に欠けている状態です。

たとえば、何かを指示されたとき、「そんなこと、急に言われても無理です」と言いながらも、最終的にはきちんとやり遂げる人がいます。これは、「できません」と先に伝えておくことで、「自分は大変なのだ」とアピールしているのです。

このタイプの人には、「大変ですね」と共感する言葉を伝えることで、本人も気持ちよく取り組めます。また、できている点について、次のように「勇気づけ」の言葉をかけてみましょう。

「優先順位をいろいろ工夫してやってくれているのですね」

「ここを形にするのに苦労したんじゃないですか」

すぐに、「できません」を繰り返す失敗回避型の人に対しては、小さなチャレンジ、つまりスモールステップを踏みながら、だんだんとできる方向に持っていくのがいいでしょう。

突然、それまでの2倍のことをやってもらおうとするのではなく、まずは2割増にしてみる。まったく新しいことに取り組むのではなく、**すでにしたことがあることに、少し新しいことをプラスする。**

このように、目標を小分けにすると、取り組みやすく、自信を持って踏み出せるようになるでしょう。

反抗的な人には

「ワン・オン・ワン」で要望を具体的に伝える

反抗的な人には手を焼いてしまいます。

このようなタイプの人たちには、６つの対処法があります。

①「勇気をくじかれた人」ととらえて勇気づける

②その人が離れていくのを待つ

③トランプのジョーカーを引いたと思いあきらめる

④パワーのある人とみなして処遇する

⑤「どうかお願い」と穏便《おんびん》でいてもらう

⑥対決（コンフロンテーション）する

⑥の「コンフロンテーション」については、アドラー心理学の用法では「エレガントな対決」として使っています。くわしくは後述しますが、正面から立ち向かうことも、ときには必要です。

まずは、**何が問題になっているか、見定める**ことが必要です。その反抗的な言動は事実なのか、意見なのか、しっかりと把握することです。

たとえば、「○○さんが飲み会の席でこんなことを言っていた」と○○さんとは別の人が自分に言ってきたとしたら、「ありがとう」とだけ伝えて、話はその場で留めておきます。

気になる内容なら、一人から聞いた話をただ鵜呑みにしないで、複数の人にリサーチすればいいのです。

ほかには、「私たちにはこういう目標があるので、あなたはどういう立ち位置で協力してもらえるだろうか」と本人に直接協力を求めるのもいいですね。

その際には、「今日はあなたに、こういうことを言ってもらって助かりました。ありがとう」と、そのつど、感謝の言葉を伝えるようにします。そうすることで、相手の自尊心を満たすのです。

もし、多くの人がいる前で突っかかってきたり、取り組みを邪魔するようなことをされたら、やめてほしいということをはっきり伝えなければなりません。正面から向き合って話をするのです。

一対一で率直に、感じていることを本音で話してみます。「エレガントな対決」の場合、決して相手と対立はしません。でも、こちらの主張は通します。

伝え方にもポイントがあります。

相手に問題があるのは行動であって、人格ではありません。

「あなたが偏屈《へんくつ》だから」「あなたが先輩風を吹かせるから」などといったことを伝える必要はなく、「この行動はやめてほしい」と、あくまでも行動について触れるようにします。

その際のポイントは、具体的なことを取り上げて、「これはやめてほしい。これからはこうしてほしい」と、ワン・オン・ワンのコミュニケーションで伝えることです。

ケンカではなく、「エレガントな対決」なら、解決も早くなります。

不平不満が出る人には

まわりにも悪影響を与える場合は、はっきりNOを

不平不満が多い人は、自分が不当に扱われていると信じ込んでいます。根本的に勇気がくじかれた状態といえます。

このタイプの人がいて困るのは、同調者が増えてしまうことです。

不平不満の多い人は、必ずほかの人にもそのことを言いふらします。すると、それに同調する人が出てきて、不平不満のオンパレードになってしまうのです。

ですから、不平不満を言っている人がいた場合は、まず**それを止めること**です。

「あなたが言っていることもわかるけれども、こちらで聞くから、みんなに言っ

てもらっては困ります」と、一対一で伝えましょう。

いつもぶつぶつ一人で不平不満を言っている人もいます。そういう人に対しては、不平不満を言っていることに注目しないようにしましょう。

こちらが気にすると、注目してもらえると思って、余計に不平不満を言うようになったりします。

勇気に欠けている人は、問題行動をわざと起こすこともあるので、この場合は過剰に反応しないほうがいいのです。

人の考えを否定してくる人には

相手を認めながら要望を伝える

あまりに他者への否定が強い人がいる場合は、その人にもう少し踏み込んで関わってみてください。イライラしている当人の過去の出来事が、他者を否定する原因になっていることもあります。

たとえば、過去の家族関係、友人関係の中の誰かと他者を重ねている可能性があります。もしかすると、何かと人の考えを否定してくる人には弟がいて、弟に対して昔同じようなことをしていたのかもしれません。自分に近づき、追いつき追い越す存在を徹底的に叩いた過去があったのかもしれないのです。

そして、過去のことを引きずっている人だったら、

「もう終わった過去のことよりも、今のあなた自身ができることを探しましょう」

などと、伝えてみてはいかがでしょうか。

プライドとは自尊心のことなので、高くて当然です。ただ、プライドだけが高くて実績がともなっていない人は、ほかの誰かのプライドを傷つけることがあります。

アドラー心理学では、「プライドは劣等感の現われ」と見ています。兄が弟を叩くのは、劣等感をなんとかしたいからです。学生時代に部活の先輩からひどい扱いをされていたことで、自分が先輩になったときに、以前されたことを後輩にしてしまうということもあります。

もし過去の経験と重なっているのがわかったら、過去を繰り返す必要はまったくないことを、指摘してほしいのです。

そして、**「今からできることはなんだろうか？」**と問いかけてもらうことで、本人も、初めて他人を否定する状況を続ける必要はないとわかってきます。

気づけば、そこから変えられます。気づかずにいるから、やり続けてしまうのです。

友人と深い話ができないという人も少なくありません。こちらが一歩踏み込んで問いかけてみることで、意外と素直に応じ、改善に向かうかもしれません。

グチがすぐ出る人には

意見を聞いて、実際にやってもらう

グチの多い人＝いろいろなことを話す人です。

見方を変えれば、グチが多い分、代替案を持っているともいえます。一般にお局様《つぼねさま》といわれる人のグチは、他者に対しての意見が含まれているケースが多いようです。

では、たとえば、「この企画は全然よくない。もっとこういうふうにしたらいいのに……」とグチを言う人がいたら、どうすればいいでしょうか。

もしその意見の中に、少しでも的を射ているなと思えるものがあったとしたら、思い切って本人に、その案を任せてしまえばいいのです。

物事を進めていくには、どこかで必ず「四《し》の五《ご》の言わずにやってみよう」というスタンスが求められるときがあります。グチを言っている人に対して、こちらの気迫を示す必要がある場合も出てきます。

グチを言う人は、当事者ではないからこそ、文句が言えるのです。

ですから逆に、自分がやらなければならなくなったら、もう、文句など言ってはいられなくなります。

このタイプの人には、**とにかく物事を任せ、無責任の世界に逃さない**こと。当事者として責任を持って、自分の意思でリスクを負った行動をとることを後押しすることが必要です。

そうすれば、自然とグチは減っていくはずです。

ふてくされやすい人には

悪い態度のときには反応しない

すぐふてくされる人とは、言い換えればボディーランゲージによる表現が豊かな人ということです。態度や舌打ちなど、言葉以外で表現することが多いのです。これは、実は非常に幼稚なメッセージの発信方法で、「こんなにふてくされているのは、あなたのせいですよ」という気持ちを示しています。見せられるほうはもちろんイヤな気持ちになりますが、ふてくされている人のボディーランゲージには反応しないことが鉄則です。

このタイプの人は、おそらく、子ども時代から同じことを繰り返しているのでしょう。

「そんな仏頂面《ぶっちょうづら》していないで。心配しているのよ」「どうしたの？　言ってごらん？」と、ふてくされている理由を聞いては、応じてあげていた過保護な大人がいたわけです。

だからこそ、このパターンを、大人になっても続けているのです。

ふてくされている相手を無視していると、本人は「承認されていない」「大事にされていない」と感じます。

では、どうすればいいか。ふてくされていないときに、活発で率直なコミュニケーションをとればいいのです。

これは、アドラー心理学の大原則です。**いいときに反応し、不適切な態度のときには反応しない**こと。

その人だって四六時中ふてくされているわけではないでしょう。

だいたいの人がしてしまうのが、ふてくされている態度が気になって仕方がなくて、「○○さん、ちょっとお酒でも飲みに行きませんか」と、相手に気をつかうことです。この対応をしていては、ふてくされる態度は止まりません。

実は今だから言いますが、新入社員のときの私の態度が、まさにこれでした。当時は、毎日のように上司から、「文章を書いてごらん」と言われ、書いて出すと、バツをつけられたものが返ってくるということの繰り返しでした。

私は作文には少々自信があったので、プライドがありました。それなのにバツがついてきたので、思わず上司に「なんですか？　これは」と聞いてしまったのです。

すると上司は「全然、文章になっていないじゃないか」との返答。私が「そんなことないじゃないですか」と言うと、「よく考えてみろ」と返ってきます。

私は、すっかりふてくされていました。すると、気になるのでしょうね。

「岩井くん、今日時間あるか？　新橋にいいお店があるんだ。行ってみないか？」

と、上司が誘ってくるのです。

「お酒ですか？　仕方ないですね」と、私がついていくと、上司はごちそうしてくれます。おいしい食事を食べさせてもらえるので、私は内心「ラッキー」と思っていました。

このように、ふてくされるとメリットがあったのです。

後日、その上司が書いた文章を読む機会がありました。それは、目的がはっきり示された、実にわかりやすく見事なビジネス文書でした。

一方、私の文章はまるでラブレターのようでした。上司のところに行って、「これはすごいビジネス文書ですね」と伝えたところ、ニヤッと笑っていました。私がいい態度のときに、上司とプラスのコミュニケーションが図れたというわけです。

部下がいい態度のときに上司がリアクションをすることで、信頼関係が生まれ、徐々にふてくされることが減っていきます。

ふてくされた態度には反応しない。ふてくされていないときに本人の能力を認める。そして、「こうするといい」というモデルを示す。

ふてくされているのは、ボディーランゲージによって、こちらとコミュニケーションを図りたいというサインなのですから。

メンツにこだわりがちな人には

「放っておく」に尽きる

メンツにこだわる人——たとえば、自分は○○大学卒だと盛んに言ってくる人がいます。これは「優越コンプレックス」といい、ベースに**根深い劣等感を持っているケース**が多いのです。

このタイプの人は、自分のすごいところをアピールしようとします。実害はないので、はじまったら子守唄のように聞いていてもいいでしょう。

「すごいな、すごいな」と、反応してあげなくてもいいのです。たいていは、同じ話を繰り返しているだけなのですから。

あまりにしつこいときは、「○○さん、その話はもう8度目だよ。新しいネタを用意してくれない？」と冗談っぽく伝えれば、相手も気がつきます。

学歴にこだわる人は、今結果を出せていないからこそ、過去にすがっているということも多いので、「新しい栄光の物語をつくってよ」などと言ってみるのもいいでしょう。

メンツを大事にしている人は、ほかの人のメンツも非常に気にします。

ある研修で、一人ひとりに自己紹介をしてもらいました。

「私は慶應卒で……」と言った人の次の人が、「私は幼稚舎から慶應で……」と、アピール。最後には「私は東大で」と言う人が現われて、見事にマウンティングが終了しました。学歴を気にする人は、そんなことにまでこだわるのです。

この手の人に遭遇したらリーダーは、「この人は劣等感を持っているのだな」と、認識しておくといいでしょう。

自分で考えようとしない人には

動く「きっかけ」をつくる

自主性がない人は、言い換えれば協調性がある人です。これは決して悪いことではありません。その持ち味を活かせばいいのです。

ある研修で出会った、長く野球で捕手をしていた男性の話です。

彼は、仕事では伸び悩んでいました。やる気もあまり感じられず、社内の人が手を焼いていました。通常なら、注意をされるような振る舞いをしていたようです。でも、私はあえて社内の人とは別のアプローチに変えました。

捕手はグラウンドではもっとも頭脳を使うチームの主軸で、第二の監督といってもいいポジションです。私はそこに注目し、「あなたのつちかった知恵を活かして、今できることはないだろうか」と問いかけました。

すると、彼は、「私は本が苦手なんです。頭が悪いから本なんか読めません」と言います。

そこで私は、必要な情報を収集するために、ある本を渡したところ、とてもおもしろがってくれました。

彼はそれをきっかけに、1冊2冊と本を読むようになり、最終的には難しそうな論文まで読むようになっていました。糸口やきっかけづくりは大切です。

「過去の栄光があったじゃないか。決して頭が悪いわけじゃないんだ」ということを伝えながら、「あなたの過去の経験を活かして、誰かと一緒にできることはないでしょうか？」と提案したのです。

すると彼は、勉強会を立ち上げました。そして、そこでメキメキ頭角を現わし、活躍するようになったのです。

このように、自分で考えようとしない人には、誰かがきっかけをつくるとうまくいきます。

自主性がないということは、逆にいうと、フォロワーシップがあるということ。**リーダーシップのある人と組み合わせると、いい動きをする**のです。

何か物事に取り組むとき、

「自分はこういうことができないけれども、君の知恵を借りたい。いろいろな提言をもらえませんか」

こう問いかければ、その場にいる人はみんな一生懸命取り組むでしょう。フォロワーシップがある人が集まり、一人ひとりが適材適所で実力を発揮できれば、必ずいい結果を生み出すことにつながります。

言い訳が多い人には

「責めない第三者」を立てて話をする

言い訳が多い人は、「私のことを責めないで」という意識を常に持っています。人との対話の大半を、自分を責めるメッセージとして勝手に受け止めているのです。

相手が言い訳をはじめたときには、「あなたを責めているのではないですよ。今日のことを学びとしましょうよ」と声をかけ、今ここでできることはなんだろうか、と一緒に考えてみましょう。

私は「多重カウンセリング」というやり方をよく行ないます。これは、厳しいことを言ったときに、もう一方のカウンセラーにフォローしてもらうという手法です。

フォロー側には、「そうは言っても、○○さんにはこんないいところがあります」と言ってもらいます。

これを職場でも応用するなら、部下に対して課長はやや厳しく伝え、係長はフォローの役割をする関係で相手とコミュニケーションをとるということができます。

二人が一緒になって厳しいことを言うと、相手はつぶされてしまう。そこで、片方が完全に味方に徹することで、相手は客観的に話を聞けるようになるのです。

アドラー心理学のカウンセリングに、「人は自分に向かって言われたことよりも、自分について言われたことにより関心を持つ」という鉄則があります。

「今日は○○さんに手伝ってもらって本当に助かったよ」と直接お礼を言われるよりも、何人かと一緒にいるときに、「□□さん。今日ね、○○さんに手伝ってもらって、本当に助かったんだよ」と、**誰かがほかの人に自分のことを話しているのを耳にするほうが、ゆとりを持って話を聞ける**ものなのです。

前にもお話ししたように、人を注意する場合も同じです。

一対一の関係では、責められているような感じがして、言い訳が出てきやすくなりますが、責めない第三者がいれば、その注意を受け止めやすくなるのです。

巻末

アドラー心理学をより知るためのキーワード

アドラー心理学とは？

本書の最後にアドラー心理学のポイントをまとめていきましょう。

困ったときは、ここに立ち返って自分をあてはめてみると、きっと突破口が見つかるはずです。

アドラー心理学とは、

①欧米ではフロイトやユングとともに「臨床心理学の3大巨頭」と呼ばれている

②アドラーが打ち立て、さらに後継者たちが発展させ続けている
③部下指導や子育て、カウンセリングなど、人間関係に非常に効果のある心理学として認められている

という特徴があり、**「勇気づけの心理学」**ともいわれています。

勇気づけとは、「困難を克服する活力を与えること」です。「勇気づけ」の習慣があれば、さまざまな問題に直面しても、自分で乗り越えていける力をつちかうことができます。

「勇気づけ」とは？

人間関係を築くとき、人に対して勇気づけができると、相手から信頼されやすくなります。

「勇気づけ」とは、次の5つです。

①困難を克服する活力を与えること
②ほめることでも激励することでもない
③元気な人をより元気にするだけでなく、落ち込んでいる人や、うつ状態の人を力づけることもできる

④自分自身を力づけることもできる
⑤「尊敬」「信頼」「共感」をベースに人との関係を築いていく

「勇気づけ」に必要な態度・姿勢は3つあります。
①相手に寄り添い「共感」する姿勢
②相手がどのように振る舞っても、相手の背後にある善意を見つけ続ける「信頼」の姿勢
③上下関係でなく、無条件に相手を敬い、礼節をもって接する「尊敬（リスペクト）」の姿勢

この3つを意識していると、自然と「勇気づけ」の姿勢が身につきやすくなります。

また、「勇気づけ」には次の5つのやり方があります。

①感謝を表明すること

相手に対して感謝できる要素を見つけ、言葉や態度にして表わす。

②「ヨイ出し」をすること

相手のよい面に注目するクセをつけて伝える。

③聴き上手に徹すること

自分が主役になって話すのではなく、相手を主役にして、聴き役に徹する。

④相手の進歩・成長を認めること

相手の行動のプロセスに注目し、進歩している点、成長している点を細やかに伝える。

⑤失敗を許容すること

相手が失敗しても、責めるのではなく、あたたかく受容する。

これらを意識することで、「勇気づけ」のスキルが磨かれていきます。

ほめ言葉と勇気づけの言葉を見比べてみると……

ほめ言葉

えらいね　　やったね　　がんばったよな

勇気づけの言葉

〇〇さんの願いがかなって私もうれしいよ

〇〇さんが努力してきた結果だね！

あなたがサポートしてくれたことで、
こちらも助かったよ

× **ほめ言葉**は、
相手を「上から目線」で評価しているメッセージ。

〇 **勇気づけの言葉**は、「尊敬・信頼・共感」がベースの
相手のやる気が湧くメッセージ。

自己決定論

置かれた環境をどうとらえ、どのように対応するのか、それを決めるのは自分自身です。人には、自ら運命を創造する力があります。決して誰もが環境や過去の出来事の犠牲者ではありません。

アドラーは「人は自分の運命の主人公である」「人は自分自身の人生を描く画家である」と言っています。

「自己決定論」とは、「あなたをつくったのはあなた。あなたを変えられるのもあなた」という考え方です。

自分自身に不満はあるかもしれないが、現在のあなたをつくってきたのはあなた自身にほかならない。だから今後（未来）はあなたの意志ひとつで変えることができる、というものです。多くの心理学が唱えている「人は環境によってつくられる」という説とは対照的なものです。

もちろん、生まれたばかりの赤ちゃんのときからすべて自己決定するというわけではありません。生まれた国、時代、性別、家庭環境、生育環境、兄弟姉妹、そして身体的特徴など、自分をつくるときに「影響」を与える要因はあります。でも、それは「影響因」であって、「決定因」ではありません。**「決定」するのは、自分自身**なのです。これはある意味、非常に厳しい考え方といえます。

〈自己決定論ではない考え方の場合〉

「私が離婚したのは、不仲な両親のもとで育ったからだ」
「私の仕事がうまくいかないのは、あの上司のせいだ」

〈自己決定論に基づいた考え方の場合〉

「不仲な両親のもとで育ったのは不幸なことだったけれど、両親が私たちの離婚を強要したわけではない。夫（妻）との関係を改善せずに離婚したのは、自分がそう決定したから」

「あの上司の下にいることに甘んじているのは、自分がそう決定したからだ。改善の働きかけや、異動を希望することも、転職することもなく過ごしているからだ」

このように、**自己決定論では起きている出来事について、言い訳はできません。**

「不仲な両親」「イヤな上司」はあくまでも影響にすぎず、今、目の前に不満な現実があるとしたら、その現実を選んでいるのは自分自身なのだということです。

この自己決定論の考えを、常に心に留めておくことで、うまくいかない理由を何かのせいにしてモヤモヤする状態から抜け出すことができます。そのうちいつでも自分の決断によって動いているんだという、自信が生まれてきます。

目的論

「目的論」とは、人間の行動には必ずその人自身の意図をともなった目的があるという考え方です。

これは、過去の原因が現在に大きな影響を及ぼしているという「原因論」の考え方とは真逆の発想です。

何か問題が生じたときに過去の原因に目を向け、「なぜこうなったのか」ということばかり追及すると、当事者は責められた気持ちになります。でも、「どうすれば○○できるのか」と未来に目を向けて建設的な視点を持てば、何事も解決の方向に向かいます。

物事に取り組む際には、常に目的を見据《みす》える「目的論」の発想と振る舞いが求められ、これは人と関わる上でも必要な要素です。

「原因論」

・Ｗｈｙ「なぜこうなった？」という発想
・意識が「過去」に向いている状態
・相手や物事の足りないところ、負の部分に目が向きがち
・言われる側は責められたように感じやすい

「目的論」

・Ｈｏｗ「どうしたら〇〇できる？」の発想
・意識が「未来」に向いている状態
・相手の可能性や発展的な部分に目が向きやすくなる
・言われる側は「共感されている」「寄り添ってもらえている」と感じやすい

その問いかけは、原因論ですか？　目的論ですか？

原因論

なぜ、あんなことをしたんだろう？

どうして、ああなってしまったんだと思う？

目的論

どうすれば○○できると思う？

あなたは本当はどうしたい？　どうなりたい？

× 原因論＝「WHY」（なぜこうなった？）は、相手が**責められていると感じる**言い方。

○ 「HOW」（どうしたら○○できる？）は、**相手が寄り添ってくれていると感じる**言い方。

全体論

「全体論」とは、「人の心の中に矛盾はない」「理性と感情、心と身体はすべてつながったひとつのもの」という考え方のことです。

私たちは「わかってはいるけどやめられない」といったことを口にしますね。でもこれは、「やめられない」のではなく、ただ「やめたくないだけ」なのです。

アドラー心理学では次のように考え、「人の心の中に矛盾はない」と言っています。

・「全体論」とは、「人は心の中が矛盾対立する生き物ではなく、一人ひとりか

けがえのない、分割不能な存在である」ととらえる考え方のこと

・理性も感情も、意識も無意識もつながっていて、できないのではなく、しないだけ

・意識と無意識、理性と感情、心と身体……人間は「要素」に分割できない存在であり、それらはお互いを補い合っている

アドラー心理学では、人は矛盾しない生き物ととらえているため、「できない」「仕方ない」という考え方はしません。

たとえば、「新人ばかりだから、いいチームにならないのは仕方ない」ではなく、「どうしてもこの仕事を成功させたいから、新人ばかりのこのチームをなんとかまとめたい」というのが、矛盾のないアドラー心理学の考え方です。

全体論で物事をとらえると、「I can not…」（できない）よりも「I will not…」（しようとしない）のほうが、より適切な表現になります。

認知論

人は誰もが自分特有のものの見方を持っています。それはまさに、オーダーメイドのメガネをかけているようなものです。そして、**自分だけのメガネを通して見た体験や出来事を解釈して、判断や行動をします。**

このことを、アドラー心理学では、「認知論」と呼んでいます。

自分流のとくにゆがんだ主観的なものの見方のことを、アドラー心理学では「ベイシック・ミステイクス（基本的な誤り）」と呼んでいます。代表的なものが5つあります。

◎決めつけ

可能性にすぎないものを自分で勝手に決めつけてしまう。

(例)「○○さんは、明日もミスするに違いない」

◎誇張

物事を拡大しておおげさにとらえてしまう。

(例)「○○さんは、しょっちゅうミスばかりしている」

◎過度の一般化

一部うまくいかないことがあると、別のこともうまくいかないと思い込む。

(例)「ミスするような人間は仕事ができない。プライベートもうまくいかない」

◎見落とし

ある部分だけを切り取って見て、大事な側面を見落とす。

（例）「（客先では評判がいいものの）ミスばかりするから何もかもうまくいかない」

◎誤った価値観

無価値で存在する意味がないなどととらえる。

（例）「ミスばかりするような人は人間として最低で、仕事を辞めるべきだ！」

また、コミュニケーションで重要なのは、相手のものの見方（メガネ）に関心を持つことです。一致させるのではなく、お互いに話し（聴き）合うようにすればいいのです。

ゆがんだメガネをはずして他者と関わるためには、次の3つがポイントといえます。

①相手の話の意見と事実を分けて判断する
「これは事実？　それとも思い込み？」
②相手のものの見方に確かな根拠があるかどうかを確認する
「根拠はある？」
③自分自身が、ゆがんだメガネをかけていないか注意する
「これは私の思い込みだろうか？　本当のことだろうか？」

コミュニケーションをとるときには、この「認知論」の考え方を理解しておくと、トラブルや行き違いを防ぐのに役立ちます。

対人関係論

アドラー心理学では「人間のあらゆる行動は、相手役が存在する人間関係である」ととらえています。この相手ありきの考え方を、アドラー心理学では「対人関係論」といいます。

人とつき合うときに心がけたいのが次の3つのポイントです。

①相手を変えようとしない
②相手を理解したいなら、その人の対人関係のパターンを観察する
③対等な関係（ヨコの関係）を心がける

③でいう「ヨコの関係」とは、相手と対等な関係を築くことで、アドラー心理学ではとても重視している考え方です。たとえ、上下の関係であったとしても、コミュニケーションをとる際には、この「ヨコの関係」を意識することが非常に重要です。

誰もが人として対等な存在であることを十分に踏まえて相手と関わるようになったとき、本当の意味で信頼関係を築くことができます。

「ヨコの関係」を築くための3つのポイントをあげておきます。

①相手の上に立とうとしない
②卑下《ひげ》したり、へりくだったりしない
③尊敬・信頼・共感・協力を意識してコミュニケーションをとる

共感

アドラー心理学でいう**「共感」とは、相手の関心事に関心を持つこと**です。

人間関係がうまくいかない人は、自分にしか関心がなく、自分中心の話題で人に接することが多いのです。

一方、共感力に長《た》けている人は、相手をよく理解しようと話を聴き、質問し、相手を中心にして話題を展開します。そのため、相手と心の架け橋を築くことができるのです。

アドラー心理学はカウンセリングの技術としてもよく活かされています。いいコミュニケーションをとる上で、この「共感」のスタンスが大切になってきます。

相手に関心がない人／ある人の違い

【自分にしか関心がない人】の特徴

・自分中心の話題で接する
・質問はほとんどしない
・会話がなりたちにくい
・「自分」の目で見、相手の耳で聴き、自分の心で感じる

【相手に関心がある人】の特徴

・相手中心に話を進められる
・ときに質問する
・好感を持たれる
・「相手」の目で見、相手の耳で聴き、相手の心で感じる

相手に関心を持てる人は、**人に好かれ、信頼される。**

課題の分離

「課題の分離」は、「対人関係論」の中で「ヨコの関係」と同じくらい重要な考え方です。

たとえば、何か問題が起きたとき、頼まれたわけでもないのに口を出してしまったり、相手の代わりに問題を解決しようと踏み込みすぎてしまったり、相手の悩みを一緒に抱え込んでしまったり……といったことはありませんか?

「課題の分離」は、相手との関係において、相手の課題なのか、自分の課題なのかを明確にし、踏み込まない、踏み込ませないことをいいます。

次にあげるのは、「課題の分離」ができていないときに言いがちなセリフです。

「私がなんとかしてあげなければいけない！」

「〇〇さんは、こうすべきだと思う」

たとえば、カウンセラーが、精神的に深く思い悩んでいる相談者の話を聴いているうちに、自分自身も同様の症状に陥ってしまうということがあります。これは、「課題の分離」の考え方ができていないときに起こりがちです。

誰もが常に複数の人に関わって生きています。**「相手の課題は相手のもの」という意識を忘れずに持っておくことが、依存的な関係を防《ふせ》いで自立した関係を築くために大切な要素**です。

ただし、突き放しすぎては、それもうまくいきません。「課題の分離」は非常に奥が深い考えなのです。

「課題の分離」を心がけながら、人とつき合う際の3つのポイントがあります。

①相手の課題を一緒に抱え込まない
②その人が自分で課題を解決できると信頼する
③頼まれていないのに助言やサポートをしない

基本スタンスとしては、人にアドバイスをしたり手を貸したりするのは、相手からはっきり頼まれたときだけにするといいでしょう。

共同体感覚

アドラー心理学の中で、非常に重要視されている考えのひとつが「共同体感覚」です。

「共同体感覚」とは、家族・地域・職場などの中で「自分はその一員なんだ！」という感覚を持っている状態のことをいいます。

「共同体感覚」を持っている人には、次のような特徴があります。

・仲間の関心事に興味を抱いている
・自分は所属グループの一員だという感覚を持っている

・積極的に仲間の役に立とうとする
・関わる人たちと尊敬し合っている
・関わる人たちと互いに信頼し合っている
・進んで協力しようとする

このような特徴を備えた「共同体感覚」がある人は、自分の長所も短所も含めたありのままの自分を認めて受け容れて（自己受容）います。

この「共同体感覚」がよく発揮できている組織には、目標、目的がはっきり見えています。

また、それぞれの個性を活かしています。金太郎飴《あめ》のように同じタイプの人がそろっているのがいいわけではありません。いい意味でみんなバラバラでいいのです。

「金太郎飴」の例を出したついでではありませんが、昔ばなしの『桃太郎』の話を例にあげれば、桃太郎は、キジを仲間にしました。キジは情報参謀《さんぼう》です。情報を探るために先に現地に行って調べてくる役割を担《にな》います。

そして、知恵を司るサルと、実行部隊としてのイヌも加わりました。

彼らには「鬼ヶ島へ鬼退治に行って平和をもたらす」という目的がはっきりあって、その目的を叶えるためにコミュニケーションがしっかりととれている。さらに、それぞれの持ち味を活かした貢献をしている。

このように、多様性を持つメンバーがいること自体が、組織や社会を強くしているのです。

本書は、秀和システムから刊行された『「勇気づけ」でやる気を引き出す！ アドラー流 リーダーの伝え方』を、文庫収録にあたり加筆・改筆・再編集のうえ、改題したものです。

アドラー流《りゅう》
気《き》にしないヒント

著者　岩井俊憲（いわい・としのり）
発行者　押鐘太陽
発行所　株式会社三笠書房
〒102-0072 東京都千代田区飯田橋3-3-1
電話　03-5226-5734（営業部） 03-5226-5731（編集部）
https://www.mikasashobo.co.jp
印刷　誠宏印刷
製本　ナショナル製本

 ISBN978-4-8379-3041-9 C0130

王様文庫